英語を学ぶ楽しみ

国際コミュニケーションのために

岡 秀夫

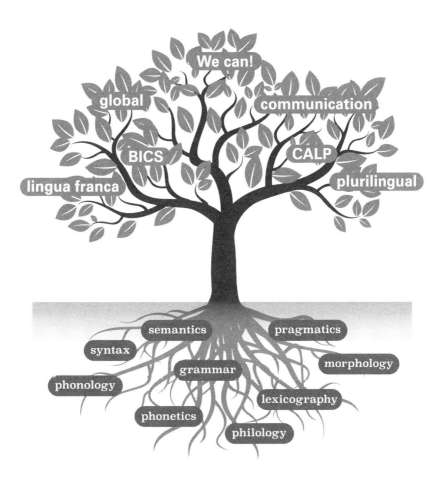

くろしお出版

まえがき

　この本は，私が41年間英語を教えてきた経験から生まれました。私は教養部（九州大学教養部），教養学部（東京大学教養学部）で教鞭をとってきたので，主に英語，いわゆる「一般教養英語」を教えることが多かったからです。英語を教えながら，また，東大では同時に学部の講義科目で「英語生態論」と題して英語について教え，それがその後目白大学で「英語学」や「応用言語学」というような名称の講義科目になりました。そのようにいろいろな形で英語に接し，教えながら強く感じたことを振り返り，今回，『英語を学ぶ楽しみ―国際コミュニケーションのために―』として16章にまとめるに至りました。

　教えながら特に強く感じたことは，学生にとって英語は数学や理科と同じような教科の1つでしかなく，英語が身近なものではなく，ことばとして生きていないということでした。そのことへの反省から，本書では文法をこえて，実際に使われている英語に接し，英語を生きたことばとして身近に感じてもらればと思います。

　私はもともと「英語教育学」を専攻し，東京大学の大学院では英語教育学と応用言語学（バイリンガリズム研究）を教えてきました。しかし，本書は専門書でも英語教育のハウツーものでもなく，英語を学ぶ楽しみとそこから得られる豊かさに焦点を当てています。単なる知識として文法を学ぶのではなく，ことばが生きていることを体験しながら英語を学ぶことによって，それを取り巻く文化や歴史に接し，さらに社会の仕組みや人間の心理にも理解が深まっていきます。それと同時に，英語の多様性を学ぶことにより国際舞台でのコミュニケーションや異文化に対する洞察が深まり，グローバルな人材の育成に貢献するのではないかと自負しています。外国語として英語を学ぶことを通して教養を深め，思考力を磨くだけでなく，さらに全人的な成長の育成に貢献するというのが本書の目指すところです。

　ですから，対象は英語および英語学習に関心をもっている人すべてになります。一般教養書として読んでいただければ幸いです。中でもとりわけ，英語を学ぶ大学生にはぜひ読んでもらいたいと思います。英語の学習

はただスキルの問題だけではなく，その背後にある豊かな文化や社会に接することを通して視野が広がり，一層英語への関心が増し，学習意欲につながることが期待できます。また，先生方には，英語を教えたり英語について研究するさまざまな授業で，テキストまたは参考書としても使っていただけるのではないかと思います。

　私が生きた英語に興味を持ったのは，1967 年，大学 4 年生で初めてイギリスに行った時です。それまで教室で習うだけだった英語が実際に生きて使われ，すぐ身の周りで飛び交っていたのです。それまで習ってきたこととは違うことにいくつも遭遇しました。eight の発音が［áit］だったり，often が［ɔ́ftn］だったり，また文法でも「紅茶 2 杯」が two teas であったり，"Some more tea?" と尋ねられると，「あれっ，疑問文なのに some はおかしいのでは？」と思ったりしました。でも，恥ずかしながら，始めの頃はあまり話せなかったし，講義ノートも "It is important that ..." までで，その後の肝心な部分が書き取れていませんでした。

　とにかく，若い頃の留学に端を発し，その後オーストリア人と結婚し，2 人の共通語としては英語を使いました。子どもが生まれると，子育てはことばの問題だけではなく，文化の伝承を含むもので，それぞれの母語が一番自然だろうということからドイツ語と日本語で 2 人の娘を育てました。つまり，その当時，我が家には 3 つの言語が飛び交っていたのです。それは，次の図のような形で，相手によって使い分けがなされていました。その当時，我が家に来た人は，「変な家族だねー！」なんて言っていました。

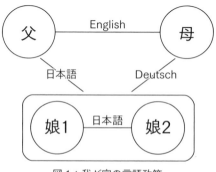

図 1：我が家の言語政策

そのような私自身の人生体験から，ことばが生きていることを実感したのです。実際に使われている英語に接すると，1つの絶対的に正しい言い方があるのではなく，文法をこえた意味合いがあったり，場面や相手によっていろいろ使い分けたりするのです。そのような英語の多様性は，限りなく私の興味をそそりました。それに加えて，国際結婚から得た教訓として，異文化間のコミュニケーションについて，そこに含まれる問題点と同時にそこから生まれる豊かさも学びました。

　英語への偏見は，多くの場合，役に立たない文法学習に対してです。本書では，文法をこえて，実際に英語がどのように生きて使われているのかに焦点を当てます。ことばは，それが使われる状況や心理と面白い具合にからみ合っています。「なるほど！」と納得することによって，皆さんの英語への理解も深まり，英語学習への興味も増すことでしょう。また，英語は世界中で文化をこえて使われていることから，皆さんの夢も大きく広がっていくことでしょう。
　多くの場合，英語へのあこがれは日常の英会話レベルに留まります。世界のリンガ・フランカ（共通語）として使われている英語をみると，単なる日常会話レベルだけでなく，知的な内容や情報のやり取りが英語を介してなされているのです。異文化間のコミュニケーションにおいて相手を説得するのは，発音の格好良さではなく，しっかりとした教養，知識に裏打ちされた内容です。また，そこで忘れてならないのは，コミュニケーションの持つ心の交流という側面です。異文化間での交流を通して，相互の理解を目指すのです。その意味において，コミュニケーションは全人的な取り組みになります。
　目標となるのは，本書の中でも強調していますが，日本人としてしっかりとした日本語と教養を備え，必要に応じて英語でも機能できるグローバルな人材です。それは，"plurilingual"（複言語）と呼ばれる能力を備えた国際人になります。

　最後になりましたが，本書の出版にあたり，くろしお出版の長友賢一郎氏に心から感謝と御礼を申し上げます。長友氏には本書の企画段階から出版にいたるまで，相談にのっていただき，丁寧に目を通して的確な助言を

いただきました。また，金澤洋子（聖心女子大学教授），赤池秀代（文教大学・花咲徳栄高校非常勤講師），関根彰子（ロンドン日本人学校教諭，元帝京ロンドン学園高等部教頭）の各氏には原稿をチェックし，貴重なコメントをいただきました。この場を借りて厚く御礼を申し上げます。なお，本書の記述に関する全ての責は著者にあります。

 2018 年 2 月

岡　秀夫

目　次

第 1 章　コミュニケーションとは……………………………………1
第 2 章　文法をこえて…………………………………………………5
第 3 章　世界の言語事情：世界は多言語……………………………13
第 4 章　世界の言語事情：人々は複言語……………………………21
第 5 章　英語は世界のリンガ・フランカ……………………………31
第 6 章　英語の地域的変異：方言……………………………………39
第 7 章　英語の歴史……………………………………………………47
第 8 章　最近の英語……………………………………………………53
第 9 章　社会的変異：階級による違い………………………………59
第 10 章　社会的変異：デパートで……………………………………65
第 11 章　場面による使い分け：丁寧さ………………………………71
第 12 章　性差（ジェンダー）…………………………………………81
第 13 章　英語の生態：語用論…………………………………………87
第 14 章　会話の原則：前提と含意，Turn-taking など……………95
第 15 章　異文化コミュニケーション………………………………101
第 16 章　異文化理解：Culture shock………………………………119

第 1 章
コミュニケーションとは

　英語の学習との関係で，「コミュニケーション」というフレーズがはやりことばになっています。例えば，「英語を習うのは何のため？」と尋ねると，ほとんどの人が「コミュニケーションのため」と答えるでしょう。その時の「コミュニケーション」は，たいていが日常会話を指しています。いわゆる挨拶や道案内です。しかし，コミュニケーションにはそれ以外にも難しい専門的な内容について討議することもあるし，ビジネスで相手の出方をうかがいながら複雑な交渉をすることもあるでしょう。また，最近のメールのやり取りに代表されるように，文字によるコミュニケーションもあります。さらには，別にことばに出して言うわけではないけれど，私たちはものごとを考える時，頭の中でことばを使って考えています。これを「内言」と言います。「えーと，次，何すればいいのかな？」と独り言のような場合もあるし，「この本はちょっと面白そうだな」と思ったりする場合もあります。
　コミュニケーションは「意思伝達」と訳されます。意思を伝達するのは，ことばだけではありません。典型的なのがジェスチャーです。ジェスチャー・ゲームで，身振り手振りで何なのか当てっこをしたことがあるでしょう。その極にあるのがパントマイムの芸です。チャップリンの無声映画を見れば，さすがと納得できます。
　顔の表情も意思を伝達する手段としてひと役買います。嬉しい顔，悲しい顔，怒った顔など，多彩な気持ちを伝えます。その逆が，いわゆる「ポーカー・フェイス」で，嬉しさや悲しさを表情に出しません。トランプのポーカー（poker）から来ていて，気持ちを正直に顔に出したりしたら負けて

しまいます。

　外国語を学習する時に注意しなければならないのは，このようなジェスチャーや表情が文化によって異なる点です。ジェスチャーや表情をまとめて「キネシックス」(kinesics) と呼びますが，同じ動作でも文化によって違うことを意味したり，1つのことを伝えるのに違う動作だったりするため，誤解が生じてしまうことがあります。例えば，挨拶をするのに日本ではお辞儀をしますが，英語文化では握手，または親しい間柄では抱擁したり，接吻したりします。日本人の場合，握手までは問題ないのですが，抱擁や接吻になると慣れないので抵抗を感じる人は少なくありません。よく誤解を招くのが，日本で「おいで，おいで」というつもりで，手首を振って招き入れる格好をしますが，外国の人にはわかってもらえません。私も実際にこのジェスチャーをして，相手の人が "Bye-bye!" と言いながら帰っていってしまったという経験があります。このような文化的な違いは避けることができません。大事なのは相手の文化を知るよう努め，変な人だなと思わず，理解するよう努める寛容の精神でしょう。互いにそのような寛容の精神で文化の違いを乗り越えて相互理解を目指すのが，異文化コミュニケーションの目標になります。

　それでは，ここで，誤解を招きやすいジェスチャーをいくつか図示しますので，それらがどのような意味合いを持つのか考えてみてください。

問題　それぞれの図が何を表すかを考えてみましょう。

(1)

(2)

(3)

(4)　　　　　　　(5)　　　　　　　(6)

＊解答は章末（以下同）

　コミュニケーションにおいて，キネシックスの果たす役割はとても重要です。それを示す数値として，顔の表情，身振り等のキネシックス（visual な視覚情報）がメッセージ全体の55％も占めています（Mehrabian 1968）。それに対して，ことばによる部分（verbal な言語情報）は極めて少なく，わずか7％にしか過ぎません。それでは残りの部分は一体何なのでしょうか。それは「準言語」と呼ばれるトーン（音調），ストレス（強勢），イントネーション（抑揚）など言語に付随した要素（vocal な聴覚情報）です。例えば，"What are you doing?"のイントネーションを中学校では，「Wh-疑問文は最後を下げる」と習いますが，これは中立的な場合のルールであって，この表現に何らかの感情が加わるとその抑揚は違ってきます。日本語でも子どもにやさしく「何をしてるの？」と問いかける場合は最後を上げますが，英語でも上昇調になります。また，荒々しく「お前，一体何やってんだー！」になると語調が全然違ってきますよね。次に示すように，特別な強勢をどこに置くかによって少しずつ意味合いが違ってきます。

- WHAT are you doing?　　憤慨して（shocked）
- What ARE you doing?　　皮肉って（sarcastic）
- What are YOU doing?　　見くびって（belittling）
- What are you DOING?　　非難して（blaming）

　ところが，電話でのやり取りの場合は，ちょっと事情が違ってきます。というのは，相手が見えないからです。そのため，メラビアンの言う

55%の部分が不在となり、電話での会話が難しくなることがうなづけます。メールでのやり取りになると、相手が見えないだけでなく、話しことばに付随するイントネーションなどの音調も存在しません。その結果、さらに準言語の38%の部分が欠如するため、コミュニケーションでの誤解がより起こりやすくなるわけです。十二分に注意する必要がありますね。

> **解 答**
> (1) 日本：わたし vs. 英語：鼻
> (2) 日本：(女性が) 笑う時口を覆う vs. 英語：？？
> (3) 英語："Good luck!" (I'll keep my fingers crossed.)
> (4) 英語：「よくやった！」(親指を立てる thumb up)
> (5) 英語："One, two, three..." と数を数える
> (6) 英語：あることばを強調したり、誰かのことばを引用する時
> 　　 (Quote-Unquote)

第2章
文法をこえて

　ことばによるコミュニケーションにおいて，第1章で述べた準言語の部分が非常に重要になります。言語自体が表す文字通りの意味を覆すからです。いわゆる「文法」ではこの文字通りの意味しか導き出せません。この準言語の要素がその文字通りの意味を否定して，別の意味合いをもたせるのです。「含蓄」とか「ニュアンス」と呼ばれるものにあたります。例えば，部屋に入り暑くてたまらない時に「暑いですね」と言ったら，間接的には「クーラーをつけてください」ということがほのめかされています。直接言ったのでは角が立つので，それを和らげて遠回しに言うのが大人の会話です。子どもは「トイレ！」のように直截にぶっきらぼうに言いますが，大人になるとその辺はオブラートをかけて表現するのが礼儀です。普通の場合，話し手の意図は聞き手に正しく理解され，「それではクーラーをつけましょう」という反応につながり，コミュニケーションは成功したことになります。

　英語の対話練習で，"Do you have a pen?"→"Yes, I do./No, I don't." というような練習をしますが，これはあくまでも文法練習（do という代動詞の使い方）であって，実際のコミュニケーションではそれではピンボケになってしまいます。普通の会話の場合，相手が期待しているのは，"Yes, here you are." か "Sorry, I don't." というような反応になります。同じことが，食事中に "Can you pass me the salt?" と言った場合，文法的には can は能力を表す助動詞なので，"Yes, I can." と言ってそり返っていたのでは相手が気を悪くします。これは能力を尋ねているわけではなく，依頼なのです。そのような文の持つ文法的な意味をこえて，発話の持つ本

当の意味合いを理解することがコミュニケーションでは非常に重要になってきます。

文法のレベルをこえて実際に英語がどのように使われているのか，いくつかの事例を検討することにしましょう。まず，私が初めてイギリスに行った時，驚かされたのは，大学の先生が講義の中で often を ［ɔ́ftn］と発音し，学生たちが cafeteria で "Two teas, please." のように注文していることでした。それまで私が中学校以来習ってきた英語では，［ɔ́fn］，two cups of tea でなければならなかったのですが，このような現実の事例に接して，それが崩れてきました。しかし，これが文法をこえた英語の生態の生の姿なのです。

それでは，次のような英語の事例を考えてみてください。まず，文法だけで狭くとらえるとどうも合点がいかない例です。

> **問 題**　次のような問題がなぜ起こるのか考えてみてください。
> (1) 趣味を尋ねられて，"My hobby is reading a book." と答えたら，"Which one?" と問い詰められて困った。
> (2) "Would you like some coffee?" と尋ねられたが，疑問文だから any であるべきではないか。
> (3) 転居通知に "You must come and see me." と書かれていた。must は強い義務を表す助動詞だから，立ち寄らなけれねばならないのか。

答えは次に示すごとくです。
(1) これは単数形を使ったために起こった誤解で，一般的に「読書」という時には特定の本ではないので "〜 reading books." または単に "〜 reading." となります。
(2) any だと Yes/No の確率が半々なので，any を使うと「出したくはないんだけど…」というような否定的な意味合いも含まれるので，some を使ってもっと前向きに「どうぞお召し上がりください」という勧める態度を前面に出す。
(3) 日本の転居通知でもそうであるように，これは一種の社交辞令なので，別に行く必要はない。

次に，口頭のコミュニケーションでは，上で準言語と呼んだ音声の要素が重要な働きをする例です。

---

(4) 出かけるのに手間取っていると，"Aren't you coming?" という否定疑問文で尋ねられた。行くのはわかっているのになぜ尋ねるのか。

(5) 手伝ってもらおうと思って頼んだら，"Sorry, I can't do it\now." と（最後の now の部分 fall-rise のイントネーションで）断られて，頭にきた。

---

(4) この発話は強い語調で言われ，話し手のイライラした気持ちが含まれます。特に否定疑問文がそれを表しています。行動が遅いのでしびれを切らして「来ないのか!?」という非難めいた気持ちが表出されます。それゆえ，"Yes, I am." とは答えずに，"Sorry, right away." とでも返事して，急いだ方がいい。

(5) この発話が下降調のイントネーションで言われると，にべもなく断られたことになりますが，fall-rise のイントネーションが伝えるのはぶしつけに断ったわけではなく，「ちょっと今手が離せないので，また後ほど…」というような含みを持たせています。つまり，この発話の裏には "〜 maybe later." という含意があり，それを推察して "OK, I'll wait." とか言って，腹を立てずに待つ方が賢明。

このようにイントネーションが大切な意味を伝え，それを取り損ねると理解度が半減したり誤解を招いたりするので，注意が必要です。もう1つ面白い例として "I thought it was going to rain." を考えてみましょう（今井 1982）。

問 題　次の2つの文の意味合いはどう違うのでしょうか。
　　　I/thought it was going to RA\IN.
　　　I/THOU\GHT it was going to rain.

この2つの文は，雨が降ったのか降らなかったか，まったく逆の意味になります。さて，折り畳み傘を持っていってラッキーだったのはどちらで

しょうか。前者では，下降調から"～ but it didn't."（降ると思っていたのに）というニュアンスになるのに対して，下のイントネーションだと最後がはね上がり"～ and it did."（案の定降ってきた）となります。ゆえに，正解は後者です。

これまで述べてきたように，ここで言うコミュニケーションは狭い文法をこえて，実際に英語がどのように使われているのかを対象にするものです。つまり，社会の中で，人間関係と脈絡を伴って生きている英語の生の姿を考えようとしています。そのようなアプローチを「英語の生態論」と呼ぶことにします。そうすると，狭い文法研究はコミュニケーションに関わる人間や場面を切り捨て，意味も命題的意味（文字通りの意味）のみに限定し，含意や言外の意などは含まないので，どうも不十分と言わざるを得ません。対人コミュニケーションは場面と脈絡（シチュエーション）の中で起こり，人と相手（話し手と聞き手）が関与し，その目標は意図の伝達とその理解，要は話し手の意図を聞き手が正しく解釈すること，つまり相互理解なのです。このことは異文化間のコミュニケーションにおいて，いろいろな言語的・文化的な壁を乗り越えて理解し合う場合にも同じことが当てはまります。

これまで，コミュニケーションは単にことばだけ，文法だけの問題ではないこと，特に話しことばの特徴として，キネシックスの持つ意味，準言語の働きをみてきました。これ以外にも，英語が生きていることを示す事例はたくさんあります。英語学習との関連で，いくつかの興味深い英語の生態を紹介しますので，考えてみてください。

> **問題**　次の問いに答えなさい。
> (1) テレビで，山岳パーティーが冬山で遭難したというニュースを聞いていた幼稚園児が，「山の中でパーティーなんかやっているからだよ」と言いました。何のことでしょうか？
> (2) 「斎藤寝具店」とは何のこと？
> (3) カタカナ英語で「ライト」は何を指すか？
> (4) 「焼肉」を英語で何と言うのでしょうか？

(5) 外国のユース・ホステルに泊まっていた日本人大学生が，昨夜寒かったので，翌朝受付に行き "I want a blanket." と言ったら嫌な顔をされ，あまり対応が良くありませんでした。何故でしょう？
(6) ある外資系の会社で，上司の日本人男性がアメリカ人女性に何かを頼んだら "Why?" という反応が返ってきたり，ある相談をしたら "I don't think so." と言われ，かなり気分を害してしまいました。何故でしょうか？
(7) chairman という語を使ったら注意されたが，何故？

わかりましたか。答えは次に示すごとくです。
(1) これは語彙力の問題で，この幼稚園児の語意には，まだ「party＝パーティー」しかなかったからです。"party" には「グループ，部隊とか政党，被告」というような意味もあることをまだ知らなかったのです。
(2) これは海外旅行がまだ一般的ではなかった1970年代，農協のおじさんたちが税関で "What is the purpose of your visit?" と渡航の目的を尋ねられた時，このように応えるよう教えられた表現です。早口で言って見てください。"Sightseeing" です。これと同じことは，ジョン万次郎が作った日本最初の英会話書『英米對話捷径』（1859，安政6年）に「掘った芋いじるな」とあるのと同じで，"What time is it now?" を聞こえたままに書いたものです。
(3) このカタカナ英語は，コンテキストがないと right なのか light なのかわかりません。野球でライトフライと言えば right ですし，暗くなったからライトをつけると言えば light になります。これは日本語に l と r の区別がないために起こります。私も最近テレビでフィギュアスケートを見ている時，「見事なスロージャンプです」と聞こえてきたのですが，画面を見て何がスローなのか耳を疑いました。男性スケーターがパートナーの女性を投げているではないですか。Slow ではなく throw だったのです。この歯間摩擦音［θ］は日本語の音韻体系にないため，「ス」で代用されることから起こった誤解です。
(4) 外国のお客さんを「焼肉」を食べに連れて行って，直訳して

"Burnt meat" なんて言ったら，そんなもの食べられたものではありません。真っ黒で炭になったような肉を指すからです。焼き方にもいろいろあって，この場合 grilled meat が正しい表現です。パンなら bake か toast，肉にはロースト・ビーフの roast もあります。
(5) なぜかと言えば，表現があまりにもぶしつけだったからです。丁寧に Could I have 〜? とやんわり頼むか，さらには I really felt cold last night. というような前置きをつけると，人間関係が滑らかになるでしょう。
(6) これは日米の文化の違いから生ずる問題で，はっきりことばでものを言わなければわかってもらえない文化で育った人が，調和を重んじ，年齢や立場の上の人には敬語を使う文化で育った人に対し，直接的に言ったため角が立つ例です。ただし，上の (5) にもあるように，英語ではただストレートに言えば良いということでもありません。このような異文化間のコミュニケーションの問題点については，第15章で詳しく扱います。
(7) 最近の英語の傾向として，politically correct （「政治的に正しい」，つまり「差別的でない」：以下 PC と略す）ということを重視します。これは，1960年代に差別撤廃運動の一環として，まずは黒人に対する差別反対運動から起こりました。それまでの negro という呼び名が black に変わりました。アメリカの人種差別との関連で私の印象に強く残っているのが，S. ポワチエ主演の *Who's Coming to Dinner* （「招かれざる客」1967）です。白人女性が黒人の男性と結婚するなんて考えられなかった時代の話で，双方の家族の葛藤が描かれています。

東宝 昭和43年映画パンフレット

このような PC 表現は人種差別だけでなく，あらゆる弱者（具体的には，女性，身体障害者など）に適用されます。ですから，-man とか -girl のつく用語には注意しなければいけません。そのいい例が chairman で，chairperson または chair と男女差別のない用語が使われるようになって

います。

　ウーマンリブ運動が激しかった 70 年代に私がアメリカで経験したことですが，ある集まりで話題が夫婦関係について盛り上がっていました。特に日本人男性の横暴さが話題に上がっていたので，私はいたたまれなくなり，"Japanese men are also changing. I often help my wife in the kitchen."と誇らしげに言いました。すると，「そら見ろ！」というわけです。最初なぜなのかわからなかったのですが，どこに問題があるのかわかりますか。答：help がいけないのです。つまり，その背後に，「台所仕事は女性がやるべきもので，俺はそれを手伝ってやっているんだ」という時代錯誤的な男尊女卑的な意識が隠れているというわけです。（help の代わりに share が適切でしょう。）

　もう 1 つ，この PC との関連で忘れてならないのは，単語の意味が時代とともに変化する点です。私は高校時代に旺文社の『赤尾の豆単』で一生懸命単語を暗記していました。「gay＝愉快な，愉快な＝gay」というやり方で何度も繰り返し，頭に叩き込んでいました。ですから，I am gay. He is gay となるわけですが，今やその意味が変わってきたので，同じことを言おうとすると同意語を探し，I am cheerful. とでも言い換えなければなりません。

　上にいくつかの事例を挙げ，いかに英語が生きて使われているのかを提示しました。学校文法で習うといかにも肩苦しく，規則ばかりのようで味気ないものになってしまいがちですが，このように実際の英語の生態に触れると，生き生きとして，身近かに感じられるのではないでしょうか。ことばは，人々が現実の場面で感情を持って使っており，気持ちを表し，意図を伝えようとするものなのです。そのような意識を持って生きていることばに接すると，それを使っている人々，それが使われる社会，そしてその背後にある歴史・文化への認識が深まり，英語学習への興味が湧き，英語が勉強の対象だけでなくなり，視野を広げることになり，人間を豊かにすることにつながっていくのです。

第3章
世界の言語事情：世界は多言語

世界の言語というような話題になると，西洋文化では『旧約聖書』の「創世記」を連想します。つまり，人間が神と等しくなろうとして天に届くような高い塔を建てようとしたのですが，その人間の傲慢さが神の怒りに触れて，人間のことばが混乱させられました。そのようにして人間社会の言語は多様になった，

ブリューゲル『バベルの塔』

と聖書は説明します。このことを絵画に描いたのが，あの有名なブリューゲルの「バベルの塔」です。

世界には約200の国々があります。それに対して，世界の言語の数はどれ位でしょうか。それが，驚くことに5,000とも6,000とも言われています（Crystal 2010）。これらの数値から何がわかるでしょうか。言語の数を国の数で割り算すれば明らかなように，世界的には，1つの国に複数の言語が存在するという「多言語」（multilingual）状況が当たり前だということです。そしてそこに住む人々は，当然ながら複数の言語を操る「複言語」（plurilingual）な話者になります。

言語との関連でさらに驚かされるのは，識字率です。つまり，世界には文字の読み書きができない人が非常に多いという点です。日本では識字率

ほぼ100％ですが，例えば，インドでは75.6％，エチオピアは28.0％です。ですから，日本のようにほぼ単一言語社会で，国民の多くが1つの言語しか話せない（ただし読み書きは99％以上できる）モノリンガルの国というのは，世界的には非常に珍しいと言わざるを得ません。日本では国境線と言語の境界線がほぼ重なっているので，日本語を「国語」と呼び，「母国語は…」という言い方をしますが，ほとんどの国では国と言語が1対1の関係ではないので，母国語という呼び方は当たりません。その代わりに，「母語」(mother tongue) という表現を使います。奇妙なことに，Japanese languageは1つのはずなのに，国語，日本語と使い分けられます。私たち日本人にとっては「国語」ですが，外国人が学習するのは「日本語」になります。何か民族中心主義的な感じがしないでもありません。

　多言語社会として典型的なのがスイスです。スイスでは，日本の四国程度の狭い国土に4つの言語が並存しています。ドイツ語，フランス語，イタリア語，ロマンシュ語の4つです。下の言語地図を見ると明らかなように，隣接する国の言語が混在しているのです。ドイツ，オーストリアに接する東側はドイツ語（63.7％），フランスに接する西側はフランス語（20.4％），イタリアに接する南部でイタリア語（6.5％），そしてアルプスの山間部でロマンシュ語（0.5％）という分布になります（スイス政府観光局2006）。

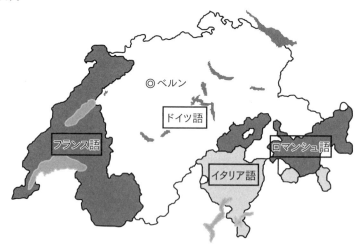

図2：スイスの言語地図

これら4つの公用語のうち，国のレベルではドイツ語，フランス語，イタリア語が公用語として使用され，ロマンシュ語はその地域でのみ公用語としての地位を持っています。そのような言語事情だと，どのようなことが起こるのでしょうか。そこに住んでいる人々は複数の言語を話せることが当たり前になります。隣町に買い物に出かけると別の言語であったり，近所の人が別の言語を話していたりするのが日常的になります。また，学校教育でも，小学校3年生から隣のことば（例えば，首都ベルンではフランス語）を第二言語として学び，高学年では英語が加わるので，自然に3言語が使えるようになります。最近では，この第二言語が小学校1年生まで下がってきたり，ドイツ語圏でフランス語を学ぶ前に国際共通語として英語が導入されたりしています。これに対してはフランス語圏から反発があり，大きな社会問題にまで発展しています。

　私自身のエピソードを紹介します。その昔，オーストリア留学時代に，スイスをヒッチハイクしていた時，ルフトハンザのフライト・アテンダントの女性が私を乗せてくれました。「何語で話しましょうか？」ということになり，彼女は英語，ドイツ語，フランス語，スペイン語，ポルトガル語のどれでもOKと言うのです。スイスのような多言語社会でフライト・アテンダントになるには，これぐらい話せないといけないのです。同じような経験は，オランダを旅行した時にも遭遇しました。観光バスのガイドさんが，まず最初に乗客の言語について尋ねたのです。「英語の方？フランス語の方？ドイツ語の方？オランダ語の方？」さすがに日本語はありませんでしたが，名所の案内をするのに言語をスイッチして次から次へと事もなげにやっていたのには，「さすが！」と感心させられました。

　しかし，言語が違うために問題も起こります。スイスと似たような多言語事情はベルギーにもみられ，北部のフランデレン地域のオランダ語（フラマン語）と，南部のワロン地域のフランス語に分けられます。両地域の経済格差やブリュッセル問題（首都ブリュッセルはオランダ語地域に位置するのに80%以上がフランス語住民であるという「言語島」）のため，両言語間での衝突が頻発し，言語戦争と呼ばれました。それを避けるため，1962年に両地域を分ける言語境界線が設定され，それが今も維持されています。民族や宗教の違いのために世界のあちこちで紛争が起きていますが，言語の違いも紛争の種になりかねません。

ヨーロッパを語る時，EU（欧州共同体）の言語事情と言語政策を見逃すことはできません。EU は言語・文化的には「統一の中の多様性」をキャッチフレーズに，多言語・多文化主義をとっています。具体的には，欧州市民の目標として「3 言語主義」にそれが表れています。母語の他に 2 つの言語を，しかもそのうちの 1 つは近隣の言語を，というわけです。しかし，それはネイティブ・スピーカーを目指すのではなく，plurilingualism（複言語主義）の理念に基づくのです。この用語は，多言語が併用されている multilingual（多言語な）状況を指すのではなく，個人の中に複数の言語が有機的に存在し，「すべての言語能力がその中で何らかの役割を果たすような言語空間を作り出す」（吉島・大橋他 2004: 4-5）ことにより，異文化の人と接する時に円滑に相互理解が進められる状況を指します。つまり，しっかりした母語に加えて，必要に応じて機能するような言語を持ち，互いに理解し合うことを目指すのです。

　EU は現在加盟国 27 カ国で，23 の公用語を持ち，英語とフランス語が作業言語とされています。会議では，多言語状況に対応するために「リレー通訳」方式が取られます。発言者の言語（例えば，ギリシャ語）をまず英・仏・独など使用頻度の高い言語に訳し，次にその他の言語（例えば，マルタ語）に訳していくのです。これにはもちろん多大な予算が必要となりますが，多言語主義の負担は「民主主義のコスト」と受けとめられています。

　カナダもバイリンガルですがやや事情が違います。というのは，1969 年の「公用語法」(Official Languages Act) によって二言語主義が誕生しました。国レベルではバイリンガル政策がとられていますが，州レベルではケベック州がフランス語のみを公用語と定めている以外，その他のほとんどの州では英語のみを公用語としています。他方，個人レベルでのバイリンガルの割合は地域により大きく異なり，しかも非対称的です。というのは，英仏両方で会話ができる人は 17.5% に留まり，バイリンガル率が最高なのはケベック州の 42.6% です（2011 国勢調査）。つまり，2 つの言語の力関係（例えば，就職に有利というような理由）からバイリンガルの比率が不均衡で，フランス語話者の方が英語話者よりバイリンガル率がずっと高いのです。そのような社会的な言語事情から，少数言語であるフラン

ス語話者を擁護するために，1977年にケベック州で「フランス語憲章」が制定されたという経緯があります。

　アジアでは多言語国家としてインドが有名です。インドでは800種類以上の言語が話されていますが，そんなに多いとどのようにして統一をとるのでしょうか。インドやシンガポールなどの言語事情には，それぞれの国の歴史が深くからんでいます。両国ともイギリスの植民地であったため，植民地政策の一環として宗主国の言語である英語が統治言語として用いられていました。その名残りで今も英語が公用語とされていますが，同時に独立後の民族意識の高まりから，インドでは連邦政府レベルでの公用語はヒンディー語で，英語は準公用語としての地位を保持しています。私の知り合いの先生の一日の言語生活を見ると，その複雑さがわかります。朝起きると家族とはローカル言語で話し，街に出るとヒンディー語，大学に行くと英語という，3言語による日常生活を送っているのです。1947年の独立後，植民地時代の公用語であった英語に代わって，憲法にはヒンディー語が連邦公用語として規定されていますが，現実には「地域語＋ヒンディー語＋英語」という3言語併用が一般的なのです。

　シンガポールの場合，中国人（77%），マレー人（14%），インド人（8%）と多民族国家であることを反映して，言語もそれぞれ，マンダリン，マレー語，タミル語と分かれています。そのうちの1つだけを公用語とすると他の民族からの反発が強いので，1965年独立国家となった時，「3大言語＋英語」という形で憲法に4つの公用語が制定されました。英語を含めたのは，全ての民族から等距離にあるので平等で不公平感がないという国家統一のための理由からでした。つまり，多民族の共生のために英語が民主主義の根幹をなすのです。

　それでは，ここで日本の言語事情に焦点を合わせてみましょう。日本はモノリンガルの単一民族国家であると公言して，国連で失笑を買ったのは中曽根首相でした（1986）。日本にも少数言語が存在し，また存在したことを知っておくことは日本人として欠かせません。

　まずアイヌ語について。歴史的には，17世紀初頭の松前藩以来，明治政府に至るまでの約2世紀に渡る言語政策は，蝦夷地と倭人地に分けた「隔離政策」でした。それが1799年にはロシアに対する国防のために「同

化政策」に転換しました．明治以降，「アイヌ学校」（明治 11 年），明治 34 年には倭人とは分離して「旧土人小学校」となりましたが，昭和 12 年に廃止されました．そのような変化の中で，アイヌ語は今や「消滅危機言語」とされ，保存運動も展開されています．

　沖縄の歴史も見逃せません．もともと琉球王国として中国との関わりが強かったのですが，1609 年に島津藩に属領とされました．琉球土着の言語については，軍国主義時代の標準語化政策により，徹底的に琉球語を排除する教育が行われ，それはつい最近まで続き，教室でうっかり琉球語を話すと，屈辱的な「方言札」がかけられたという体験談を知り合いの先生から直接聞いたことがあります．

　日本の言語事情を語る時，在日コリアン（韓国・朝鮮人）の存在を無視することはできません．在日コリアンは，1910 年（明治 43 年）の韓国併合後日本に渡ってきた人たちの子孫で，約 50 万人に上ります．日本各地に韓国学校，朝鮮人学校がありますが，大阪在住の韓国人の 87% は日本の学校に通っています．在日韓国・朝鮮人が話す言語は主に日本語で，韓国語・朝鮮語を話す者は少数派でしかありません．家庭で韓国語・朝鮮語を使用しているのは 5% のみで，日本で生まれ育った世代は，母語が日本語で，韓国語・朝鮮語は第二言語として学びます．世代を追うごとに言語シフトが起こり，4, 5 世になると，日本語しか話せない人も増えています．

　最後に忘れてならないのが，日系ブラジル人です．1990 年「出入国管理法」の改正により，日系南米人の在留資格が緩和され，ニューカマーと呼ばれる移民が急増しました．特に愛知県豊田市と群馬県太田市に集中し（群馬県大泉町では日系ブラジル人が 10 人に 1 人の割合），現在，合わせて約 30 万人になります．大きな社会問題になっているのが，子どもの教育の問題です．2006 年の調査で公立小学校，中学校，高校に通う生徒は 2 万 3 千人いますが，多くが日本語が貧弱なため，教科学習に十分対応できないという問題を抱えています．このような場合，バイリンガル教育を導入するのですが，移行型を目指すのか，維持型を目指すのかで教育政策が対立します．移行型のバイリンガル教育では，できるだけ早く少数派言語から多数派言語へ移行し同化（assimilation）を目指すのに対し，他方，維持型は自分のもとの言語，文化も維持しながら新しい土地に馴染んでいくという複合主義に基づき融合（integration）を目指します．移行型でも

一番強力なのがサブマージョンで，何の特別な手立ても施さず，sink or swim 式（海に突き落として，溺れたくなかったら泳げという乱暴なやり方）に主流派言語の普通クラスに放り込んでしまうやり方です。できるだけスムーズな移行を促すために，教室でポルトガル語のわかる人が支援にあたり，そのような子どもたちの手助けをしています。

第4章
世界の言語事情：世界の人々は複言語

　前章では世界の多言語事情をみてきましたが，そのような多言語社会で生活している人々の言語使用はどのようになっているのでしょうか。第3章でも述べたように，世界的には1つの国でもいくつかの言語が話され，多言語（multilingual）状況があたり前です。そして，そこに住む人々は必然的に複言語（plurilingual）になります。「複言語」は必ずしも両方の言語をネイティブのように話す必要はありません。しっかりした母語に加えて，必要に応じて使えるもう1つの言語を持っていれば良いのです。とりわけ，グローバル化された今日の世界では人の行き来も激しく，情報の伝達も凄まじいものがあり，その必要性は高まるばかりです。日本人でも，最近，バイリンガルと呼ばれる人たちが増えてきています。1970年代，日本企業が海外に進出した時には帰国子女が急増し，彼らのことばの問題，特に帰国後の英語の維持と日本語の問題が大きく社会問題としてクローズアップされました。現在では，海外留学だけでなく，日本国内でもバイリンガル教育や英語によるイマージョン・プログラムが広がり，英語が使える日本人は少なくありません。ビジネスで英語を使う人も増え，ユニクロや楽天など英語を公用語とする会社も現れました。
　人がバイリンガルになるのは多言語社会で生活している場合だけでなく，両親が異言語話者の場合，家の内と外との言語が違う場合など，いろいろなパターンがあります。また，ことばの違う社会に移住してバイリンガルになるケースもあります。典型的には，明治時代に日本からアメリカに移民した人たちです。1世は日本語中心で英語は必要最小限レベルですが，2世になると家では日本語，外では英語のバイリンガル生活になり，

3世になると圧倒的に英語が支配的になってきます。このように，世代をこえて言語シフトが進行していくのです。そのため，3世の子どもはおじいちゃん，おばあちゃんとあまり話ができないという問題も出てきます。私に3世の友人が何人かいますが，日本に来て，日本人の顔をしているのに日本語が話せないことをとても不思議がられた，と嘆いていました。

　バイリンガルは社会的環境から生まれてくるだけでなく，バイリンガル・プログラムのような特別な学校教育からも生み出されます。バイリンガルと呼ばれる人たちも，2つの言語の熟達の程度，また2つの言語の強弱関係においてそれぞれ違います。その習得の経緯，年齢，集中度などによりさまざまで，本当に両方の言語ともにネイティブのように完璧な人は少なく，どちらかがより支配的です。私が国際結婚家庭の子女を対象に調査した時も，英語の方が得意とか，日本語は話せるが読み書きが苦手とか，いろいろなパターンがありました (Oka 1989)。帰国子女に関しても，子ども時代を過ごしただけの人は，話すことに関してはネイティブ並みだが，難しいものを読むことは苦手とする人が多くみられました。同じ英語でも，日常会話と専門書では言語のレパートリーが大きく違うからです。これはバイリンガルの二言語能力を考える時，BICS（生活言語能力）とCALP（学習言語能力）*に区別される言語能力の問題に関わってきます。また，2つの言語の関係は常に一定ではなく，時と共に変わる性格があります。子どもが海外へ行くと日本語が徐々に衰退したり，また逆に，海外留学から帰ってくると徐々に英語が錆びついてくるという現象がそれです。

　このBICS / CALPという概念は非常に重要なので，少し詳しくみてみたいと思います。北米でバイリンガル・プログラムにいた英語学習児童が，日常会話は問題なくできるようになったものの教科の学習では大きな困難をきたすところから，言語能力にも2つのレベルがあるのではないかと考えられ，日常会話レベルのBICSと学業レベルのCALPという区別が生まれました。なぜ学業成績が伸びないかと言うと，彼らの教科を学習するための言語能力（つまりCALP）がカリキュラムの要求に対処できるほどに発達していないからなのです。母語の場合，CALPは認知の発達に支えられて登場します。スイスの教育心理学者ピアジェによれば，子

どもは10歳頃から具体的操作期から抽象的操作期へと発達していきます。具体的なものを離れて、記号や関係式による抽象的思考や論理的思考ができるようになり、推論や演繹的思考、つまりCALPの発達につながるのです。

　母語（L1）で発達したCALPがそのまま第二言語（L2）にも転移すれば話は簡単なのですが、現実にはそうはいきません。外国語学習者の場合、L2の言語処理はすべて優勢な言語であるL1を介して行われます。L2を解読する際も産出する際も、L2に直接アクセスできないため、どうしても支配的なL1を通してということになるのです。この状態は、バイリンガルでも「従属型バイリンガル」と分類されます（岡2002）。

　私自身、留学の初め頃チュートリアルと呼ばれる7-8人の討論を中心にしたクラスで、とても苦労した経験があります。つまり、誰かの英語の発言を聞いて、頭の中でまず日本語に直して理解し、それに対する自分の意見を日本語で組み立て、それを英語に訳していき、ついにそれが出来上がった頃には、話題はもう次のところに移っていたのです。というわけで、このやり方ではとにかく時間がかかり、素早い対応ができません。さいわい、その悩みも時とともに徐々に解消され、日本語を介しての部分が短くなり、ついには英語をそのまま理解し、直接英語で自分の意見を形成することができるようになりました。

　このようにL2でのCALPについては、L2の力が伸びるにつれて徐々に基底の認知構造に直接アクセスできるようになっていくと考えられます。そして、ついにはL1を介さずに直接L2と認知構造が結ばれ、いわゆる"Thinking in English"が達成されたことになるのです。

　ところが、L2の力が十分でない段階では、「トレード・オフ（trade-off）現象」が起きます。私たちの処理能力には限界があるので、形態と内容の間には「トレード・オフ」と言って、語彙や文法レベルの操作に気を取られすぎると、メッセージがおろそかになり思考が深まらないという問題がある一方、逆に、内容に注意を払いすぎると形態面がおろそかになり、文構造がめちゃくちゃになってしまいます。Takano & Noda (1995) はそれを「外国語副作用」と呼びました。つまり、第二言語学習者はL2を用いる時、処理資源をL2の処理にとられるため、知的レベルが全般的に低下するのです。ですから、形態面がある程度自動化された段階に達してい

ないと，内容面に注意を向ける余裕が生まれてきません。

　英語教育の教授法の歴史を見ると，行動主義の習慣形成理論でこの点が大いに強調されました。つまり，L2 での新しい習慣を形成するために，模倣，反復が不可欠で，ドリル練習を積むことが重視されました。反復練習として mim-mem（模倣記憶練習），構造練習として pattern practice（文型練習）が生まれました。このような行動主義理論に基づいたオーディオリンガル・アプローチも，自動的に使えることを目指して習慣形成を重視しました。しかしながら，そのような練習の対象になった言語材料は日常会話レベルに留まっていました。BICS 的な会話表現ならば「刺激―反応」（S-R）理論に基づき習慣形成すれば自動化は可能ですが，深く考える思考が求められる場合にはいかに対処すればいいのでしょうか。

　英語教育でいかに CALP を育成することができるのかについて考える時，日本の教室ではインプットの量が限られているのが1つの大きな問題です。が，それと同時にまたはそれ以上に重要になってくるのは，インプットの質の問題です。その意味において，注目したいのは「教師の発問」です。教師が「考えさせる発問」を発することによって，生徒に刺激を与え思考を促すのです。ですから，ただ訳しているだけでは不十分です。また，文字づらを質問するような factual な発問も十分ではありません。表面的な fact-finding Q（事実を尋ねる質問）から inferential Q（推論を促す問い）へと進み，critical thinking（批判的思考）を促すよう，発問の認知的複雑さを深めていくことが求められます。生徒は教師とインタラクティブな形で問答しながら，英語でのキャッチボールをするのです。

　例えば，「Mike は Judy に何を尋ねましたか？」が事実を尋ねる質問であるのに対して，「Judy はなぜ "Oh, really?" と言ったのでしょうか？」は考えさせる質問になります（田中 2010）。また，"On that night, the city lights were turned on again." という英文の場合，日本語に訳せてもそれだけでは本当にこの文を理解したとは言えません。そこで，教師は「なぜ灯が消されたのか？それまではどういう状態だったのか？」というような形で，この英文に含まれた背景について質問し，生徒が本当に理解しているのかを確かめる必要があります。戦時中で空襲があったからなのです。「なるほど，そうなんだ！」と納得して初めて，本当にわかったことになるのです。このように，発問により，ただ直訳してわかったつもり

になっている生徒に気づきを与え，理由や背景を考えさせ，より深い理解へと導くことになります。

　「バイリンガル」とか「話せる」と言っても，簡単な単語を知っている程度からネイティブ並みまでさまざまあります。また，話せても書けないというように技能による能力差があり，話題や分野によっても能力が均一ではありません。さらに，それぞれ母語を持っているので，母語からの影響，特に発音で訛りが避けられません。アグネスチャンさんの流暢だが中国語なまりの日本語を思い浮かべれば良いでしょう。インド人の英語など，その強い訛りのため（例えば，[θ] の発音が [t] で置き換えられる），慣れないととてもわかりにくくて困ります。しかしそれでも，コミュニケーションの用は十分に足しているのです。国際的に理解可能な発音であれば，あと大切なのは発音の格好良さではなく，話す内容なのだということがわかります。

　個人レベルのバイリンガル度を国別に見てみると，次のような結果があります（出所：http://cnn.co.jp/world/CNN200509240009.html）。EUの調査（2006）によれば，ヨーロッパでバイリンガル率が最高なのはルクセンブルグの 99%，最低がハンガリー 29%，イギリスは下から 2 番目でした。また，2 ヶ国語を流暢に話せる米国民の比率はわずか 9% でした（2005 米調査）。アメリカ，イギリスの英語国が外国語能力において劣るのは，英語の国際性から見て納得できましょう。そのため，アメリカ，イギリスでは外国語教育のニーズと動機づけが弱く，あまりうまく機能しないことにつながります。

　翻って日本の現状を見てみると，とても寂しいものがあります。「自分は英語は話せない」と考える人が 41.6%。「（挨拶や食事のオーダーなど）単語を羅列させる程度」が 30.4% で，これらを合わせると，英語をほとんど話せない人の数は 72% に及んでいます（クロス・マーケティング 2013）。2020 年の東京オリンピックに向けて，この状況が改善され，「おもてなし」がことばの面でも心の通うものになれば幸いです。

　言語習得には年齢の要因が大きく影響します。子どもの母語の発達を見ると，誰も大体同じように習得していくことから，人間には何らかの言語

習得装置が生まれつき備わっていると考えられます。これが言語習得の「生得説」になります。しかし，日本人の子どもでも英語が使われている環境で育つと，英語を習得することになります。これが「環境説」です。ことばの習得にはこの2つの側面があることがわかります。

　ところが，母語の獲得に対して外国語学習の場合，多くの人が大人になると子どものように簡単にいかないと嘆きます。なぜ歳をとると難しくなるのでしょうか。それを説明してくれるのが，「臨界期（critical period）仮説」です（Lenneberg 1967）。臨界期とは，言語を比較的容易に習得できる思春期（約12〜13歳）までの期間をさし，これを過ぎると生得的な習得能力が失われ，言語習得が困難になるという仮説です。ただし，これを単純に The younger, the better. ととると語弊があります。分野によっては，例えば文法習得では The older, the better. となり，さらに Older is faster, but younger is better.（学習のスピードでは年長者が優れているけど，最終到達度では年少者の方がベター）となります。確かに発音では発声器官が柔軟な子どもの方が有利で，アメリカに滞在した家族を見れば，親よりも子どもの方がはるかにネイティブに近い発音を身につけることからもうなずけます。言語習得の中でも音声面は早く，だいたい1歳までに母語の音韻体系を獲得します。そのため，臨界期を過ぎた中学生にとっても［r／l］の音素の識別は難しく，冠詞の使い方などは上級の学習者でも，臨界期以降に learning（学習）だけで習得した場合はどうも自然な感覚が身につきません。

　ここで言う"learning"は acquisition（獲得）に対立する概念で，教室での学習を指します。それに対して，acquisition はその言語が話されている環境で自然に獲得する場合のことです。クラッシェンは第二言語習得への唯一の道は acquisition だとしています（Krashen 1982）が，日本の教室では，年齢的にもインプット的にも，幼児のような acquisition は期待できません。EFL 環境では，子どもの持つ母語や認知を活用し，できるだけインプットを増やして（例えば，「英語の授業は英語で」），learning と acquisition を融合させることにより習得が可能になるのではないでしょうか。

　個人的な経験ですが，私は1年間オーストリアのインスブルック大学に留学していた時，ドイツ語を学びました。その際，どのようにしたら一番

効果的に習得できるのか，自分を外国語学習のモルモットにして取り組みました。毎日大学で「外国人学生用のドイツ語」（主に文法中心の授業）を受講し，家ではトイレにもドイツ語の屈折表を貼り付けるという learning の側面と同時に，教室外でできるだけ多く話す機会を作るよう積極的に友達と交流し acquisition にも励みました。そのように learning と acquisition を融合した結果，数ヶ月で日常会話には不自由しなくなりましたが，次のハードルは読み書きです。やはりおしゃべりだけでは限界があり，知的な大人の話題には十分ではありません。それで読書に励み，独作文に取り組んだ結果，1年足らずで書きことばにおいてもある程度の内容まで対処できるようになりました。このように，そのことばが使われている環境だとインプットには恵まれていますが，読み書きや CALP のレベルになると learning 的要素が欠かせません。

　海外に行っても，英語習得の進度には個人差があります。英語力のレベルは，おおまかに「到着時の年齢」と「滞在年数」（Age on Arrival × Length of Residence：AOA × LOR）で推しはかることができます。しかし，それ以外，心理的・社会的要因が関わってくることを見逃すことはできません。つまり，英語話者とどれだけ交わるか，英語文化にどれだけ溶け込むか，というような要因によって個人差が生まれるのです。例えば，日本人とばかり交わっているとか，気持ち的にどうしても日本人心理から脱皮できず会話でも受身的な態度に終始すると，英語習得ではマイナス要因になります。これは「文化変容（acculturation）仮説」（Schumann 1976）と呼ばれ，文化変容の度合いと外国語の上達には正の相関があると考えます。Alberto というプエルトリコ人の英語習得の事例をもとに，彼の英語がなぜピジン化（文法が単純化した形で発達すること）したのか，その原因を社会的距離と心理的距離で測り，実証しています。また，ハワイ在住の日本人 Wes の英語がピジン化したのは，彼が生活のニーズが充たせることで満足し，知らない単語に出くわしても方略能力で上手くかわす術を心得ていたからです。そのため，残念ながら何年たっても文法能力ではほとんど進歩が見られませんでした（Schmidt 1983）。

　英語力の中でも，会話能力に関しては心理的，社会的要因で説明できますが，認知学習言語能力（CALP）の領域になるとどうでしょうか。心理的，社会的にできるだけ早く適応，同化したいというポジティブな態度が

あっても，CALPのレベルになると，それ以上の努力が必要なようです。認知的により高度な書きことばに親しむこと，中でも「読書」が大きな役割を果たします。これこそが，学校での教科の学習に求められる力につながるのです。

　日本人で英語の達人の例を挙げるとすれば津田梅子と新渡戸稲造が対照的で，第二言語習得を考える上で示唆に富みます。

図3：津田梅子と新渡戸稲造

というのは，津田梅子は明治4年に6歳の時アメリカに出発し，18歳まで滞在しました。ご存知のように，帰国後津田塾大学を創立しました。それに対して，新渡戸稲造は明治10年に札幌農学校に，その後東京帝国大学を経て，アメリカに渡りました。『武士道』（明治33年）を出版し，国連事務次長にまでなりました。5千円札の肖像画にまでなっています。2人とも英語習得でも国際人としても成功した2人ですが，そのプロセスは全く異なります。一方は子どもの時期，つまり臨界期以前の英語漬けの生活（つまり acquisition に通じる）をした津田と，日本でしっかり学問をしてからの海外留学をした新渡戸です。しかも，その勉強の仕方が，ただ文法訳読法による英語学習ではなく，札幌農学校で専門分野を英語で学ぶというイマージョン教育によるものだったことが非常に重要です。これは，クラッシェン式に言えば learning と acquisition が融合されたものになり，しかも高度な専門科目を英語で学ぶというアカデミックなレベルであったわけです。このようなイマージョン教育は，日本でも1992年に静

岡県の加藤学園で始まって以来，少しずつ広がりを見せています。さらに最近では，IB（国際バカロレア）*教育を導入した学校も増えつつあります。このような形で，英語力だけでなく，国際的な視野を持ったグローバル人材を育成すべく，日本の教育も進化してきています。

用語解説

＊BICS と CALP：Basic interpersonal communicative skills（生活言語能力）と Cognitive-academic language proficiency（学習言語能力）の略。BICS は，日常会話場面など文脈の助けがある場合に働く。例えば，直接向かい合って話す場面では非言語的な情報が理解を助けてくれる。それに対して，CALP はコンテキストの支えがない抽象的な思考や論理などに関わる。言語が場面から切り離されているので，認知的な負担が大きくなる。

＊International Baccalaureate の略。国際バカロレア機構（本部ジュネーブ）が提供する国際的な教育プログラムで，世界の複雑さに対処し責任ある行動をとれる態度とスキルを身につけさせるとともに，国際的に通用する大学入学資格を与える。年齢に応じて PYP, MYP, DP, CP とあり，大学入学資格に相当するのはディプロマ・プログラム（DP）である。日本でも東京学芸大学付属国際中等教育学校，都立国際高校など，少しずつ登場してきている。

第5章
英語は世界のリンガ・フランカ

　前の2つの章では，世界の多言語事情について社会的な側面と個人的な側面から検討してきましたが，この章では，その中にあってひとり勝ち状態である英語に焦点を当て，その実情を見ていきたいと思います。
　世界には5~6千の言語があると言いましたが，それらは平等な地位にあるのではありません。特に驚くべき点は，話者が百万人以上いる言語は250，全体の4％でしかないのに，この4％を世界人口の96％の人が使っているのです。さらには，世界の言語のトップ10で世界人口の半分がカバーされてしまいます（Crystal 2010）。他方，少数民族言語は危機的状況にあります。家庭でも学校でも大言語が侵食し，次の世代には大言語に移行してしまうのです。話者数を単純に比較すると中国語がトップですが，その広がりから見ると英語の方が上回ります。
　英語がこれ程までに広がってきた背景には，大英帝国の歴史と政治・経済力があります。17世紀にイギリスが海外に進出し，世界中に植民地を作り，陽の沈まぬ大英帝国を打ち立てたことに起因します。植民地政策とは，まず自国の言語を押しつけ，政治・経済を支配することです。1600年の東インド会社設立，1607年のヴァージニア植民地建設に始まり，17世紀中に北米（アメリカ，カリブ海のジャマイカ，ドミニカなど）へ，18世紀になるとアジア（インド，香港，マレーシア，シンガポール）へ，19世紀にはアフリカ（ガーナ，ナイジェリア，ケニア，南アフリカ）へと進出して行きました。その結果，英語が世界中に広がったのです。これらの元植民地の国々では，今も英語が共通語として用いられています。母語としてではなく，第二言語としてですが。

この英語の広がりに拍車をかけているのが、最近のアメリカの政治・経済力です。情報通信、出版、ビジネスなどあらゆる分野で英語が寡占状態と言っても過言ではありません。日本でも、企業の海外とのやりとり、国際会議、研究論文などほとんどが英語です。また、世界中どこを旅行しても、英語を知っていれば大体間に合います。
　このように、今や国際共通言語となった英語を English as an international language（EIL）と言いますが、最近は English as a lingua franca（ELF）と呼ぶことが多くなりました。「共通の母語を持たない人同士のコミュニケーションとして使われる英語」のことです。例えば、私たちがドイツやタイの人と会っても、たいてい英語を介してコミュニケーションをします。つまり、母語や文化の違いを乗り越えて、英語がリンガ・フランカとして国際共通語の働きをするのです。世界の英語によるコミュニケーションのうち、70％はノンネイティブが関わっているのです。そうすると、モデルとなる基準もネイティブ志向から、国際英語に移ってきます。それが「リンガ・フランカとしての英語」なのです。中には、このような英語支配の状態を「英語帝国主義」と否定的に呼ぶ人もいます。
　このようにめざましく広がってきた英語の話者について、わかりやすく図示したのが次の有名なカチルの図です（Kachru 1985）。

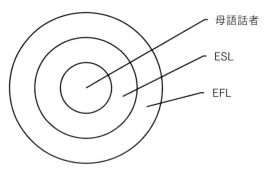

図4：英語の広がり

　カチルは、世界の英語話者を3つのグループに分類します。中心の部分にくるのがネイティブ・スピーカー（母語話者）からなる内円で、その周りの外円にくるのが、英語を第二言語（English as a second language:

ESL）として習得し，公用語として社会的に使用する人たちです。そして，一番外側の拡大円には，英語を外国語（English as a foreign language: EFL）として学習し，国際コミュニケーションで使う人たちが含まれます。国連人口基金の調査（2004）によれば，その内訳は母語話者3億人強，第二言語使用者は10億人に上り，国際コミュニケーション言語として使う人の数は7億人と推定されています。それらを合わせると，驚くことなかれ，英語話者の数は20億人に達し，世界人口63.8億人の1/3近くを占めることになります。

　そのような広がりの裏では，当然ながら，地域による多様性，つまり方言的な差異も広がってきます。[r] の癖の強いスコットランド訛りや母音を引き延ばす drawl に代表されるアメリカの南部訛りなど，英語国内での方言だけでなく，ESL の国々ではそれぞれの地域の訛りが定着しています。例えば，インド英語では [θ] の発音が全て [t] になって，慣れないと聞き取るのに苦労します。さらに，EFL の国々では，発音だけでなく表現などにも母語の影響が見られ，国際的にはさまざまな英語が使われているのが現状です。そのような英語の多様性を "World Englishes" という呼称で表します。イギリスの場合，ひと昔前までは標準英語として RP（Received Pronunciation：容認発音）が唯一の絶対的なモデルとされていました。ところが最近では Englishes と複数形で表されるように，もはやそのような規範的なアプローチは影をひそめ，多様性を認める傾向が強くなってきています。BBC のアナウンサーにもスコットランド訛りの強い人が登場したりしています。

　しかし，どんな発音でもいいというわけではなく，一定の基準があります。その基準になるのが intelligibility，つまり国際コミュニケーションにおいて相互理解できることが最低の条件です。例えば，日本人は [θ] の発音が母語にないため [s] で代用しますが，そうすると think が sink になってしまって溺れ死にしてしまいます。国際的に理解してもらうためには，インド英語に見られる [t]，または英語を母語とする子どもが [θ] をまだ発音できない時に代用する [f] あたりまでが許容範囲で，[s] ではわかってもらえません。Think が sink になったのでは，まったく別の意味になり，国際コミュニケーションに障害をきたしてしまうのです。このように代用パターンにも国際ルールがあり，語順に関しても，「いつ彼

に会ったの？」という文を日本人は母語からの干渉のため"When you him see?"としますが，これではわかってもらえず，国際的に容認されるのは"You saw him when?"になります。

　日本人の場合，日本語と英語では音韻構造が違うため，特に日本語に存在しない音，また日本語にあっても細分化が必要な音に注意が必要です。まず，[r/l] の区別，歯間摩擦音 th の発音 [θ] とその有声音 [ð] についてはこれまでも出てきました。それ以外にも，子音では下唇をかむ唇歯摩擦音 [f/v] があります。また，母音では「ア」にもいろいろあり，明るい「アー」と暗い「アー」（発音記号で表すと [ɑ:] [ə:]），明るい [ʌ] に対してアとエが一緒になって濁ったような音 [æ] の違いが大切になってきます。あまり知られていないのが英語の [i] と日本語の「イ」の違いで，英語の [i] は日本語のイより舌の位置が低く，エに近くなります。そのため，sit down をカタカナ式に発音すると，"shit"となって変な意味になるので要注意。

　このような発音の違いについては十分な練習が必要になります。発音練習に効果的なのは，「ミニマル・ペア（minimal pairs）練習」です。ミニマル・ペアとは，「目標となる1つの音素だけが異なる単語のペア」のことです。次のようなミニマル・ペアで練習してみてください。私が学生の頃，60年代当時最先端の LL（ランエージ・ラボラトリー）で，このような練習ばかりさせられていました。その背景には，構造言語学の「対立」という概念と習慣形成に基づいた言語習得理論があり，新しい英語の発音の習慣を形成するためには過剰学習が不可欠と考えられたからです。

練習　次の単語ペアの発音の違いに注意して，発音してみましょう
(1) [æ] - [ʌ]　cat - cut, bag - bug
(2) [ɑ:] - [ə:]　hard - heard, farm - firm
(3) [i] - [i:]　live - leave, fill - feel
(4) [l] - [r]　light - right, glass - grass
(5) [s] - [θ]　sink - think, mouse - mouth
(6) [h] - [f]　hit - fit, heal - feel
(7) [b] - [v]　bet - vet, berry - very　　　＊vet 獣医

また，発音との関連で音節構造（子音の連続）と音声変化にも注意しなければなりません。なぜかと言うと，個々の発音はできていても，これらがうまくできないと英語らしく聞こえないからです。日本語のモーラは「子音＋母音」という音節構造をしているため，日本人は英単語を発音する時，子音が続くとその間に母音を挿入しがちです。例えば，street を [sutɔːiːtɔ] というように発音してしまいます。次の単語で練習してみてください。「ストロング」にならないように注意してください。

> **練 習** 子音の連続に注意して発音しましょう。
> strong,　　straight,　　spring

どうしてもうまくいかない人は，英語の歌で練習すると効果が出るかもしれません。というのは，英語では音節ごとに音符が割り当てられるので，strong だったら音符1つで発音しなければならないので，発音の矯正に役立ちます。

さらに，英語らしい自然な滑らかさを生み出すためには，一語一語を日本語のように同じような調子で発音するのではなく，文全体が1つの流れとなるように発話しなければなりません。文として自然に話すと，個々の音が自然に変化して1つの流れを成します。そのような音声変化には連結（いわゆるリエゾン），同化，脱落，弱化の4種類があります。

> **練 習** 音声変化に注意して発音してみましょう。
> (1) 連結：くっついて音が1つになる
> 　　　　come on,　stop it,　get away
> (2) 同化：周りに影響されてその性質を変える
> 　　　　of course,　give me,　Don't you ～?
> (3) 脱落：音が脱落する
> 　　　　sit down,　good news,　take care
> (4) 弱化：音が弱くなる
> 　　　　bread and butter,　write to me,　I have never been there.

英語を普通に話すとこのような変化が自然に起こります。(1) の例はそ

れぞれ「カモン」,「ストピット」,「ゲラウェイ」のようになります。アバ (ABBA) の歌に "Gimme! Gimme! Gimme!" とあるのを知っていますか。[v] の音が後の [m] に同化されて「ギ(ム)ミ」となり, (2) の例ですね。(3) の脱落は, [t+d], [k+k] というような同じ破裂音が続いた時, 初めの [t／k] は破裂させずに次の音に飲み込まれて,「シッダウン」という具合になります。(4) の弱化は前置詞, 冠詞, 助動詞など, 内容的にそれほど重要でない機能語で起こります。ロックンロールは rock'n'roll と表記され, 典型的な弱化の例です。辞書を引くと, and の発音表記で [ænd, ənd, nd, n] と併記されていることには意味があり, 強形からだんだんに弱化が進んでいくことを表しています。ただし, 発話に込められた意味合いにより, 重要な役割を持ったり (例えば, 対比), 文末に来たりすると強く発音されます。さて, ここで問題です。

問題1 次の文は上の4種の音声変化のうち, どれに入りますか。
- おいとまする時の I <u>have</u> to be going.
- 手紙で返事が遅くなった時, I should'<u>ve</u> written to you earlier. と謝る。

学校以外でほとんど英語を使う環境にない日本で, 発音の他にもう一点忘れてならないのが, カタカナ英語, 特に和製英語です。カタカナ英語は発音に注意する必要がありますが (例えば, 2つの「ライト」の違い), 和製英語の場合は, 一見英語のように見えてもそのままでは英語として通じなかったり, 意味が違ったりしてしまいます。正しい英語ではどう言うのか, ここで確認してください。和製英語は, だいたい次の5つのパターンに分けられます。

---

(1) 組み合わせ型：イメージダウン damage one's image／スピードアップ increase speed
(2) 意味ずれ型：カンニング (cunning は「ずる賢い」の意で, カンニングを表すのは) cheating／マンション (mansion は「大邸宅」を表すので, 一般的には) condominium

> (3) 省略型：クラシック classical music／セクハラ sexual harassment
> (4) 純和製型：ガソリンスタンド gas／petrol station／ホッチキス stapler（Hotchkiss は考案者の名前）／モーニング・サービス（これでは教会の午前の礼拝）breakfast special
> (5) 他言語型：アルバイト part-time job（独語の Arbeit から），アンケート questionnaire（仏語の enquête から）

表1：和製英語

　最近ますますカタカナ英語が増えてきていますが，注意しないと誤解を招くことがあります。例えば，"I live in a mansion." と言ったら，部屋が10も20もあるようなイギリスの貴族の館を連想してしまいますから。興味深い点は，カタカナ外来語から借用語の歴史も見えてきます。例えば，病院のカルテはドイツ語の Karte から来ています（英語では patient's chart）。明治時代に医学の先進国であったドイツから医学を学んだからです。患者を示すクランケ，手術に使うメスもドイツ語です。同じドイツ語からの借用語「アルバイト」（Arbeit：仕事）の場合，名詞としてだけではなく，「バイトする」のように動詞にも転用されています。これは，外来語を取り込む際に，自国語の屈折に合わせた面白い例です。同じ用例として「ドライブする，ミスする」などがあります。
　さて問題です。

> **問題2**　「授業をサボる」は一体何でしょうか。

> **解答1**
> - 次の to に影響されて [hæv] が [həf] に変わる（2）の例。
> - should have の have が弱まって [ʃúdv] となった（4）の例。

> **解答2** 仏語 sabotage（怠業）を略した「サボ」を動詞化した語

第6章
英語の地域的変異：方言

　前章のカチルの図を覚えていますね。その「内円」で示された英語を母語とする国々だけを見ても，アメリカ英語とイギリス英語，さらにオーストラリア英語などの違いがあるだけでなく，イギリス，アメリカ国内にも地域的な違いが見られます。発音面の訛りであったり，方言による語彙の違いであったりします。また，「外円」に分類される ESL の国々の場合，発音や表現が土着化してしまい，インド英語のような強い訛り（典型的には [θ] が [t]）が見られ，シンガポールでは Singlish と呼ばれるような中国語からの特徴的な表現（例えば，英語の付加疑問 "~, isn't it?" に該当する文末の -la）が一般化しています。さらに，拡大円の EFL の国々になると，さまざまな母語からの影響でその特徴もさまざまです。しかし，それでもなお国際コミュニケーションは成立しているのです。とりわけ最近は，国際コミュニケーションの 70% がノンネイティブ・スピーカー同士間で行われているという実態があります。まさに，ELF，国際共通語としての英語ですね。

　前章で少し触れましたが，いわゆる「標準語」とされているのが，イギリスでは RP※ と呼ばれる容認発音です。一般的には BBC のアナウンサーの話す英語，オックスフォード大学で話される英語という意味で，BBC English とも Oxford English とも呼ばれています。それに対して，アメリカの標準語は中西部で話される General American と呼ばれるものになります。

ここで，イギリス英語とアメリカ英語の違いを比べてみましょう。

---

(1) 単語が異なるもの：エレベーター［米］elevator‐［英］lift／アパート apartment‐flat／地下鉄 subway‐underground／秋 fall‐autumn／行列 line‐queue／ガソリンスタンド gas station‐petrol station／サッカー soccer‐football／ごみ garbage/trash‐rubbish

(2) 意味が異なるもの：first floor［米］1階‐［英］2階，potato chips 袋に入って売られているポテトチップ—日本で言うフレンチフライ（French fries：ポテトチップはイギリスでは crisps と言う）／pants ズボン‐下着（イギリスではズボンは trousers）

(3) 綴り：color‐colour／theater‐theatre／realize‐realise／traveling‐travelling／program‐programme

(4) 発音：ask／can't［æ］‐［ɑː］／car［ɑːr］‐［ɑː］／hot［ɑː］‐［ɔ］

(5) 語法：gotten‐got／Do you have ～?‐Have you (got) ～?（所有の意味で）／I will go‐I shall go／go to a university‐go to university／May 1st, 2018‐1st May, 2018

表2：イギリス英語とアメリカ英語

　私が高校に入学した時に戸惑ったのは，それまで中学校で Have you a pen? と習っていたのが，突然 Do you have a pen? に変わったことです。文部省の学習指導要領が変わり，教科書全体がイギリス英語からアメリカ英語に転換した年に当たるのです。私は代動詞の do の使い方に混乱したことを覚えています。しかしながら，それ以外文法面での違いはわずかしかありません。1, 2例を挙げると，アメリカ英語では The team is ～と単数扱いし，He insisted that ～の that 節に仮定法現在を使うのに対して，イギリス英語では team は単・複扱い，insist は that 節で should をつけます。ですから，He insisted we leave at once. が He insisted that we should leave at once. となります。

　同じ英語を話すといってもこのように違いますから，イギリス人とアメリカ人の間で誤解が生じたという笑い話があります。それは，ロンドンでイギリス人がアメリカ人の友達に chips（英）を買ってきてくれ，と頼ん

だのに，アメリカ人の方はお店に行って chips（米）を買って戻ってきたのです。それは，イギリス人にとっては crisps でしかありません。また，同じロンドンで待ち合わせをしていた2人，アメリカ人の方が first floor（米）で会おうと言ったので，イギリス人は first floor（英）で1時間も待ったのにアメリカ人の友達は現れなくて，後で喧嘩になってしまいました。なぜでしょうか。（答は左の表2の (2) にあります。）

私自身の発音に関する苦い経験は，大学での授業が始まった時でした。音声学の授業で一生懸命に発音練習をしていました。すると，RP を話す年配の女性の先生が「あなたは何のためにイギリスに来たのですか？」と詰問口調で言うのです。私は自分の何が悪いのかわからず困惑しましたが，練習文に car という単語があり，私がそれをアメリカ式に［kɑːr］と発音したことが純正英語を信じる先生の逆鱗に触れたのです。アメリカ英語の発音の3大特徴の1つ「①母音の後の r を発音する（car, park）」だったのです。他の2つは，② ask, can't の［æ］（RP では［ɑː］），③ cot, god の［ɑː］（RP は［ɔ］）です。

その後，ブリティッシュ・カウンシルの奨学生としてレディング大学に留学した時には子どもがまだ小さかったので，「オムツ」とか「乳母車」というような語が日常生活で必要になりました。知っていた単語は diaper や buggy でしたが，通じないのです。おかしいと思ったらそれらはアメリカ英語で，イギリスでは nappy, pram と全然別の単語が使われているのでした。生活に密着した単語は英語社会で生活すると必要になってきますが，日本の学校英語ではまず登場しません。ここに ESL と EFL の違いがあります。

綴りに関しては，それまでのイギリス英語の綴りが音声と対応せずあまりにも煩雑であったので，1828年に Webster が *American Dictionary of the English Language* という辞書を世に出し，これがアメリカ英語の基盤となりました。その大きな特徴は，イギリス英語の複雑な綴りを簡略化し，なるべく発音に即したスペリングを導入した点です。例を挙げると，colour→color, centre→center, travelling→traveling などです。その中で面白いのは programme→program のスペリング変化で，いわゆる普通のプログラムの場合は今でも英米でこのように違いますが，コンピュータのソフトを表す場合は，イギリスでも software program とアメリカ式の綴

りが採用されています。アメリカ英語からの逆輸入ですね。

　さて，イギリスの中でも地域による違いは顕著です。日本で東北弁と九州弁が違うようなものです。私が初めてイギリスに行った時，苦い経験があります。ロンドンに着き，ヒースロー空港から coach（リムジンバス）に乗ると，車掌さんが昔式の切符売りの器械を首からかけ "Ticket, please! Ticket, please!" と車内を回ってきました。"How much?" と尋ねると［áit pen］と返ってきました。"I beg your pardon?" と聞き返すのですが，同じことの繰り返しでどうもラチがあきません。そのうち，「あー，ここはロンドンなのだ。ロンドンにはコックニーという下町方言があって，［ei］が［ai］と発音されるのだ。」と気づき，8 ペンス払って無事解決しました。

　私はその後エジンバラの大学に行き，今度はスコットランド訛りに悩まされました。その訛りのため，先生の講義が聞き取りにくいのです。World War II を［wəːrd wɔːr tuː］と r を極めて強く発音し，often は［ɔ́ftn］となり，女の子を表す語は lassie で，ネッシーの住むネス湖は lake ではなく Loch Ness です。下宿のおばさんが comfortable を［kəmfɔ́ːtəbl］と発音していたので，それでは日本のテストでは間違いになりますよ，なんて生意気なことを言っていました。

　イギリスの方言分布は，大体次のように分けられます。

図５：イギリスの方言地図

第6章 英語の地域的変異：方言

　これまでアメリカ英語とひとくくりで話してきましたが，当然アメリカにも地域的な差異があります。歴史の古い東北部（ニューイングランド地方）と中西部，南部，そして西海岸とに大きく分けられます。ボストンあたりの英語はイギリス的で，西部劇の英語はまた違うし，南部訛りは母音を引き延ばす drawl が特徴的です。第 39 代カーター大統領は南部出身で，母音を長く伸ばし，ゆっくりとした話し振りでした。東北部出身のケネディ大統領とは演説を聞き比べると，違いは歴然としています。興味深いのは，ニューイングランド地方に古い語法が残っている点です。動詞の get が「手に入れる」の意味で使われる場合，イギリスでは過去分詞は got であるのに対して，アメリカではより古い形の gotten が一般的です。文法面でも，I suggest that he go. のような仮定法現在が残っていたりします。今のイギリス英語では助動詞 should を用いて，I suggest that he should go. が普通です。これらは，イギリスから移民してきた当時の英語が化石化して残っている例です。

図 6：アメリカの方言地図

　アメリカは移民の国でさまざまな人種からなる国です。そのことが英語にも反映されます。黒人英語もその歴史を物語っています。また，最近メジャーリーグ（MLB）で活躍する選手の英語を聞いてみてください。多くがカリブ海諸国（ジャマイカ，ドミニカ，プエルトリコなど）の出身で，彼らにとって英語は第二言語なので強い訛りを持っていることがわかるでしょう。

イギリス版　　　　　　アメリカ版

　Harry Potter のオリジナル版はイギリス英語で書かれていますが，それをアメリカで売り出すのにアメリカ英語版に改変されました。シリーズ第1作『ハリー・ポッターと賢者の石』は，イギリス版ではそのタイトルは *Harry Potter and the Philosopher's Stone* ですが，アメリカ版では *Harry Potter and the Sorcerer's Stone* に変わっています。アメリカでは philosopher は哲学者や倫理学者を指し，ハリー・ポッターの物語に不可欠な要素である「魔法使い」というニュアンスがないため，「sorcerer＝魔法使い，魔術師」という語に変更されました。アメリカ版で書き換えられた箇所を拾っていくと，次のようになります。

- motorbike→motorcycle／learnt→learned／towards→toward
- <u>at</u> weekends→<u>on</u> weekends
- Do you want a sandwich? に対する返答
　　No, I'<u>ve</u> just <u>eaten</u>.→No, I just <u>ate</u>.
- 1st September→September 1st

　アメリカ，イギリス以外の英語を母語とする国の代表格はオーストラリアで，"Ausie English"と呼ばれたりします。一番の特徴は，[ei]が[ai]になる点です。「あれ，どこかで聞いたような？」と気がつく人がいるかもしれません。ロンドンの下町方言コックニー（cockney）と同じなのです。これには歴史的背景が関与しています。18世紀末から植民地として

イギリスから移住していった人たちの訛りが，そのまま定着したものと考えられます。挨拶は "G' day"（グッダイ）ですし，I came here today. は I came here to die. のように聞こえるのです。「死にに来た」なんてギョギョ！ですよね。

　次に，ESL の国であるインド英語はとても特徴的です。歯間摩擦音［θ］の発音については第 5 章で解説しましたが，その他 I hope it's safe. の場合，hope［ɔː］, safe［eː］のように二重母音が長母音化します。相手の名前を尋ねる際に，"May I have your good name?" と good を入れるといったとても興味深い待遇表現がみられます。これは人間関係を円滑にするポライトネス行動で，アジア圏の特徴と考えられます。
　このような英語の地域的な多様性について知っておくことは，グローバル時代の英語の運用力にとって極めて重要です。というのは，話す場合は国際的に容認される英語なら伝わりますが，聞く場合はいろいろな英語を聞き取らなければなりません。それらにうまく対応できる力をつけておく必要があるのです。その意味において，スピーキングよりリスニングの方が難しいと言えます。しかも，相手の質問がわからなければ答えることもできず，スピーキングにつながりません。注意すべきは，リスニング力がただ聞き流しているだけで伸びると言うのは英語に浸る環境にいる子どもの場合であって，大人の場合には，意識的に注意を向けて noticing（気づき）することが必要です。それによって input が intake（インテイク）として言語知識の中に取り込まれます。さらにそれをスピーキングの力に結びつけるには，発表のための output practice が必要になり，それも形態（form）中心から内容（message）中心へと発展的に構成しないと，一足飛びに自由会話をしようとしても空回りしてしまいます。
　日本の英語教育の一番の大きな問題は，知っていることと使えることのギャップにありますが，知っていることを使えるようにするには，「自動化」のための練習が必要です。インプットの量を増やすだけでなく，使用機会を増やし，実際に使ってみなければいけません。最初のうちは時間がかかり，苦労も多いのですが，使うことによって徐々に自動化されて，なめらかさが増して fluent になっていくのです。そして，さらにより高度な英語を運用できるようにするためには，機械的な側面ばかりでなく，内

容面にも注意を払うことを忘れてはなりません。これまでに表現したことのない内容に挑戦するというような形で，一段上の言語使用へ自らを追い込むことにより，思考を促し，内容を高めることにつなげていくのです（岡 2017）。それによって，内容を考えながら英語を発していくという，大人の知的なコミュニケーションの域に達します。

用語解説

*RP とは，Received Pronunciation（容認発音）の略です。音声学で伝統的にイギリスの標準語とされていたものを指し，別名 Queen's English, BBC English, Oxford English とも呼ばれます。つまり，エリザベス女王の話す英語，BBC のアナウンサーの話す英語，オックスフォード大学で話される英語のことです。一般に外国語として英語を学ぶときにはこれがモデルとされますが，最近では BBC アナウンサーでもさまざまな訛りや方言がみられます。

第7章
英語の歴史

　英語の多様性に関して，前章では地域的な変異を見てきましたが，ここでは通時的な変異を扱います。前者を横軸とすれば，ここで扱う歴史は縦軸になります。つまり，歴史的に英語がどのように変わってきたのかに焦点を当てます。

　紀元前から大ブリテン島（イギリス本土のこと）にはケルト人が住みケルト語を話していました。4世紀末にゲルマン大移動が始まり，現在のドイツ北部からアングル，サクソン，ジュート族が侵略し，ケルト人をアイルランドやスコットランドに追いやりました。アングロ・サクソンによって話されていた言語 Angles に由来して "English" と呼ばれるようになりました。

　イギリスの歴史の中で英語に大きな影響を与えた出来事は，1066年のノルマン征服（Norman Conquest）です。フランス語を話すノルマンディー公ウィリアムが英国の王位を継承し，それに続いて多くのノルマン人が移住して来ました。その結果，その後200年間はフランス語が社会的，文化的に優位を占め，英語は一般庶民のことばに留まりました。この結果，フランス語から入ってきた語彙は驚くべき数に上ります。

　英語史では，700-1150年は古英語（Old English）の時代とされます。その後，中英語（Middle English）の1150-1500年がこの時期に当たり，フランス語の影響は特に語彙面で顕著で，その数は1万語とも言われます。フランス語に由来する語彙は，現代英語の基本1000語では1割程度ですが，1万語まで範囲を広げると4割を超えます。具体的にその例を挙げると次のようになります。

- 料理：beef, pork, salad, appetite
- ファッション：dress, fashion, petticoat, robe
- 芸術：art, beauty, blue, image
- 政治・宗教：peace, liberty, government, cathedral

＊robe 長くゆったりとした外衣

表3：仏語から入った英単語

　料理やファッションなど，特定の分野に多いということに気づかされます。中でも面白いのは，生きた豚はアングロ・サクソン語で pig ですが，食用の肉になるとフランス語から来た pork になる点です。食事を始める時，イギリスで「いただきます」にあたる表現としてフランス語の "Bon Appetit!" が一般に用いられています。

　その後，1500-1900年は「近代英語」(Modern English) と呼ばれます。エリザベス女王の治世の頃，シェークスピアが登場し，多くの作品を英語で世に出し，いわゆる「英語」が広がりました。それに加えて，大きな意味のある出来事が，『欽定訳聖書』(1611) です。James 1世の命で公式な英語訳の聖書（それまではラテン語）が作られたことです。これが，それまでちまたの話しことばでしかなかった英語に市民権を与え，1つの規範となったのです。さらに，Dr. Johnson の A Dictionary of the English Language (1755) が英語の正用法の確立を目ざしました。有名な語法として，それまでラテン語文法にもとづき It is I. のみが正用法とされていた（補語は主格であるべき）のに対して，ちまたで広く使われる It's me. も認めたのです。ドクター・ジョンソンはたいした皮肉家であったようで，oats（からす麦）を次のように定義しています。

　"A grain which in England is generally given to horses, but in Scotland supports the people."　　　　　　　　　　　　＊grain 穀物

　ここで引き合いに出されているスコットランドの人は，さぞ気を悪くしたことでしょう。しかし，ここで腹を立てたりするのは大人気ないので，あるスコットランド人は次のようなユーモアで切り返しています。

> **問題** 次の会話に含まれたユーモアを説明しなさい。
> Englishman：*In Scotland the men eat oatmeal; here in England we feed it to our horses.*
> Scotsman：*That's why English horses and Scottish men are the finest in the world.*

1900年以降の英語は「現代英語」(Present English) と呼ばれます。英語が世界中に広がったことから「国際語としての英語」EIL (English as an international language), さらには「国際共通語としての英語」ELF (English as a lingua franca) と呼ばれるようになりました。それと同時に, 広がったことに伴いさまざまな英語が登場し, まさに World Englishes となってきています。

英語の歴史との関連で, アメリカの歴史を見逃すわけには行きません。1620年にメイフラワー号で清教徒 (Pilgrim Fathers) が大西洋を渡った後, 1776年に東部13州は独立を宣言しました。その後, 1845-49年のポテト飢饉のためアイルランドから多数の移民が押し寄せ, 1848年のゴールド・ラッシュではアジアからの移民が押し寄せました。また, 1861年頃アフリカからプランテーション労働者として黒人奴隷が連れて来られます。さらに, 1880年頃から南・東ヨーロッパから新移民と呼ばれる人たちも移住してきました。このように「人種のるつぼ」(melting pot) と化した合衆国ですが, その中心はやはり WASP と呼ばれる人たちでした。White-Anglo-Saxon-Protestant, 「アングロサクソン系白人新教徒」です。

建国200年後の合衆国は人種が溶け合うはずであったるつぼではなく, 『サラダ・ボウル』(salad bowl) と形容されます。つまり, キュウリはやはりキュウリ, 人参はやはり人参でしかなく, それらにアメリカというドレッシングがかかっているだけというわけです。そのドレッシングの働きをするのが, 英語になるのです。

アメリカ英語の歴史で重大なのは, 前述の Webster の辞書 *American Dictionary of the English Language* (1828) です。複雑な英国式綴りを簡略化し, 発音に近づけるように改良して, color, center に代表されるよう

なスペリングを提唱し，今やそれがアメリカ英語として定着しています。

　日本からもアメリカに多くの人が移民として海を渡りました。有名なのが，「元年者」と呼ばれる明治元年（1868）にハワイに移民した153人の人たちです。その他にも19世紀末の移民で，広島県や和歌山県などから農家の次男，三男坊が新天地を求めてアメリカに渡って行きました。興味深いのは，その人たちおよびその子孫のことばの変化，特に世代ごとの言語シフトです。つまり，1世は生活に忙しく，いわゆるサバイバル English 程度だったのが，2世は家では日本語，外では英語という具合に2言語を併用し，3世になると英語が支配的になってきます。そうすると，悲しいことに，おじいさんやおばあさんとあまり会話がはずまなくなってしまいます。今や，3世，4世の世代です。社会的に成功して（つまり完全に同化して），日系のハワイ州知事や上院議員まで生まれ，ホノルル空港は2017年5月にダニエル・K・イノウエ国際空港に改名されました。

　私は院生の頃に，ブラジルから初めて一時帰国した年輩の日系1世夫婦のお世話をしたことがあります。驚かされたのは，現地の新聞の日本語が古めかしいことと，そのお年寄り夫婦の話す日本語が時代劇の中から出てきたようなことば遣いであったことです。日本語は社会の変化に伴い絶えず進化しており，その中で生活しているほぼ同年代の私の母は，周りの人々やテレビなどの影響もあり無意識のうちにことばも進化していたのでしたが，あの人たちの日本語は全く違いました。聞いていると，本当に明治時代のことばが化石化したタイムマシーンのようで，歴史を痛感させられました。

解　答　訳すと，次のようになります。

「イングランド人：カラス麦は，スコットランドでは人が食べるけど，イングランドでは馬に食べさせるのだよ。
スコットランド人：だから，イングランドの馬とスコットランドの人間は世界でも超一流なんだ。」

　このジョークの背景には，イングランドとスコットランドの強い対抗意識があります。イングランド人がスコットランド人をバカにしたのに対して，スコットランド人が切り返しているところに面白味があります。つまり，イングランド人がスコットランド人はひどいものを食べていると言ったのに対して，スコットラント人が反撃して，あなたたちが自慢する馬と同じ食べ物を食べているからこそ，我々スコットランド人は素晴らしいのですよ，と切り返しています。

第8章
最近の英語

　前章では英語の歴史を見てきましたが，この章では，それとの関連で，最近の英語に焦点を当てたいと思います。最近，英語がどのように変化してきて，どのような特徴があるのかを探っていきます。

　中でも一番顕著な点は，社会の変化が言語に反映されている点です。その意味において，ことばは社会の変化を映し出す鏡とも言えます。最近の社会のトレンドの大きな特徴は，伝統や形式など片苦しさから解放されて，社会全体がインフォーマル化し，カジュアル傾向にあることでしょう。それが一番よく現れているのは服装です。昔の大学では，教授は皆ダークスーツにネクタイが定番でした。それが今やTシャツ，Gパンです。また，海外旅行の際，スーツ，ネクタイが普通でしたが，今やよほどのビジネスマンでない限りそんな堅苦しい格好で旅行したりしません。私の主観（と偏見）で言えることは，最近の特徴として，女性が強くなったこと，男性のひげが増えたこと，煙草を吸う人が減ったこと，などが一番目立つ点です。このような社会の変化がことばに反映され，くだけた表現が広まり，女性など弱い者に対する差別的なことばが否定されるようになったのです。男性のひげは，強くなった女性に対抗して，男性のマッチョ的主張とも考えられます。タバコに関しては，50-60年代ハリウッド・スターたちが格好良く煙草を吸う姿が，ポスターなどで大写しされていました。それが，健康への配慮から喫煙はtrendyでなくなってきました。私も大人になった証として20歳から吸い始め，イギリスは紙巻きたばこが高いからという理由でパイプにしましたが，その後アメリカに行くとどうも肩身が狭いのです。友人の家に滞在した時，食後に "May I smoke?" と

尋ねると，"Yes, in the garden!"と返ってくるではありませんか。そのうち，一大決心をして止めました。

このような社会的変化の発端になったのが，60年代の若者の反乱です。いわゆる「ヒッピー」(hippies) と呼ばれる若者に代表されるように，伝統的な Establishment（体制）への反発が世界中で起こりました。長髪，奇抜な服装（女性はミニ・スカート）で，既存の社会秩序，体制に対する脱社会的な思想や行動に走り，60年代後半の大学紛争にまで発展しました。そのような社会的変化がどのような形で英語に現れているのか，具体例を見てみましょう。人に会った時，"Hello!"という人は少なくなり，"Hi!"が一般的になり，会話の中で"Yes!"の代わりに"Yah!"という人が実に多くなりました。英語のカジュアル化の一例として，最近では会話の中に you know を差しはさむ人が異常に増えてきたことです。以前はことばがうまく出てこない時は，uh とか um などとつぶやいただけでした。さらに，特にアメリカで first name の使用が増えたこともあげられます。大学で教授を first name で呼ぶことも珍しくありません。自己紹介で "My name is Hideo Oka. Please call me Hideo."のようになるわけですが，日本文化で育った者にはどうもこの点には抵抗を感じざるを得ません。

それでは最近の英語の特徴，変化について，単語の意味，文法，綴りに分けて見ていくことにします。
(1) 単語の意味
第2章でも触れましたが，私が高校時代に覚えた「gay＝愉快な」は今や新しい意味合いが生まれてきました。辞書を見ても最初の訳語は「同性愛の」で，「愉快な」とかには《やや古》という注記があります。同じことが，「公害＝public nuisance」にも当てはまり，今日ではこのような直訳的な用語ではなく environmental pollution が用いられます。

社会の変化を映し出した変化として，最も特徴的なのがPC（political correctness）です。PCとは社会的に弱い者に対する差別・偏見のないことば使いを指し，対象は女性，身障者，虐げられた民族などです。この流れの発端は，60年代のアメリカにおける公民権運動にあります。"Black is beautiful!"のスローガンのもと，黒人に対する差別が攻撃されました。黒人の呼び名は，もともと negro だったのが，この運動を通して black に

変わり，最近は African-American というハイフォン付用語が用いられます。日系人の場合も，戦時中の差別的な Jap から Japanese-American になりました。

　女性に対する差別反対運動は，70-80 年代の Women's liberation（ウーマン・リブ：女性解放）運動でした。-man のつく語が排斥され，chairman は chairperson または chair に，businessman は business person，policeman は police officer と変わりました。日本語でも「女々しい，女だてらに」のような表現は差別とされ避けますが，英語でも housewife という呼び名が嫌われ，もっと積極的な役割を持つ homemaker に変わりました。英語の代名詞の使い方で，以前は teacher を受けるのは he でしたが，男女同格に he/she（または s/he）と表記され，"he or she"と読みます。今や小学校の先生の場合，女性が圧倒的に多いので she で受けることが多くなってきています。

　身体障害者に関する表現は，deaf（つんぼ）は社会的に許されず，hard of hearing とか hearing-impaired（難聴，聴覚障害）に変わりました。

　PC に関しては，興味深いユーフェミズム（婉曲表現）があります。日本語でも「年寄り」ではなく「熟年」と遠回しに言うように，英語でも senior citizen が一般的になりました。学校で出来の悪い生徒を stupid と言うと差別的に響くので，何と呼べば良いのでしょうか。（答：slow learners）

　単語に関しては，時代の変化とともに新造語も生まれてきます。典型的なのが日本のサラリーマンをもじった workaholic です。これは work + alcoholic の合成から生まれ，「アル中」ならぬ「仕事中毒」という意味です。ですから，英語的には非常に否定的なニュアンスを含んでいます。

　英語が国際語になったことの裏返しとして，他の言語からいろいろな単語を取り込んでいます。日本語からの借用語として典型的な例を挙げると，昔は geisha, harakiri でしたが，最近では manga, tsunami が英語の単語として登録されています。

(2) 文　法

　文法面はそれほど変化していませんが，前章で触れた Dr. Johnson の辞書（1755）でそれまでの規範的なラテン語文法 It's I. から，世の中の変化

に会わせて It's me. になったことが思い出されます。Hopefully 〜は今では It is hoped 〜の意味合いで文修飾として広く用いられていますが，60年代ぐらいまでは認められませんでした。現在も混乱が続いているのは，代名詞の用法で，単数の everybody, nobody を複数の they で受ける用法です。例えば，Everybody wants to make their own life good. とか Nobody is happy about the situation, are they? という具合になります。同様に，ゴスフォード・パーク (*Gosford Park*, 2001) という映画で，20世紀始めのカントリー・ハウスの様子を描いた次の文章をご覧ください。

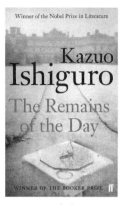

It used to be so straightforward in the good old days: there was upstairs and there was downstairs and everyone knew their place.

大邸宅の階上に住む貴族たちと階下の使用人たちを対照的に描いた映画で，その身分の違いは絶対的なものでした。これに類似した身分の問題は，ノーベル賞作家 Kazuo Ishiguro の『日の名残り』(*The Remains of the Day*) にも登場します。

日の名残り

(3) 綴　り

綴りに関しては，Webster の辞書 (1828) がアメリカ英語の簡略化された綴りを示し，大きな変革をもたらしたことを覚えていますね。最近アメリカでよく見かける看板や漫画には次のような綴り字が用いられていて，驚かされます。

> 問題1　次の下線の単語の正式な表記は？
> ・Monday thru Friday
> ・$5 / nite
> ・This is cos 〜

上の2つは発音通りに綴ったスペリングですが，正式な表記は当然through（月曜から金曜まで），night (five dollars per night) です。この

背景には，英語の綴りと発音は必ずしも対応しないことがあります。例えば，[f] の発音でも fit, phone, rough という具合に綴りはいろいろです。3つ目の例は，スヌーピーのような漫画を見ているとこのような表記が多く見られ，話しことばに合わせて綴られていることがわかります。つまり，because の第1音節は弱いのでほとんど聞こえないからです。

最近，綴り面で大きな影響を与えているのはメールです。スペースと時間の節約でしょうか，次のような表記が実に頻繁に見受けられます。

また，Please e-mail me. とか I'll google it for you. というような新しい表現も広く使われるようになっています。議論になるのが，e-mail の複数形の問題です。数えられる名詞，数えられない名詞と両方用いられるために an email message, email messages などと表したりもします。

最後に，最近の英語から2つばかり生の資料を見てみましょう。

まず，サッカー（イギリスでは football と呼びますが）の英雄ベッカム（David Beckham）。彼の話す英語は訛りが強くてとてもわかりにくい。彼は1975年にロンドン北東部の下町で配管工の長男として生まれましたから，明らかに労働者階級の出身です。甘いマスクと格好良さを持ち合わせ大活躍したのでマスコミでの露出も格別で，超人気者になりました。つまり，working class hero です。You-tube などで彼の英語を聞いてみてください。インタビューしている BBC のアナウンサーの英語とは対照的です。Beckham のようなヒーローが登場すると，それが若者たちのロール・モデルとなり，それを見た若者，子どもは大きな影響を受け，彼の話し方を真似るのがクールとされ，下町訛りが広がっていくのです。

次に，ブッシュ（G. Bush）元大統領の英語を取り上げたいと思います。というのは，彼の英語は間違いだらけで，『警告！絶対にマネしてはいけない「ブッシュ君」英語集』という本（西森 2003）にもなっているくらいです。誤文訂正問題だと思って，やってみてください。

> **問題3** 次の英語の誤りを正しなさい。
> 1. Taking tests aren't fun.
> 2. That's the most deep thought of all.
> 3. There's not going to be enough people in the system to take advantage of people like me.
> 4. ~ is an opportunistic society
> 5. Africa is a nation.
> 6. to speak in Mexican

ヒントです。1と2は文法力の問題（1の主語はtestsではなく，動名詞のTaking），そして3は熟語，4は形容詞，5と6は知識の問題ですね。

> **解答2**
> • for you
> • by the way
> • see you later（I+eight+er を続けて読む）
> • as soon as possible

> **解答3**
> 1. Taking tests <u>isn't</u> fun.
> 2. That's the <u>deepest</u> thought of all.
> 3. There's not going to be enough people in the system to take <u>care</u> of people like me.
> 4. ~ is an <u>a society full of opportunities</u> society
> 5. Africa is a <u>continent</u>.
> 6. to speak in <u>Spanish</u>

第9章
社会的変異：階級による違い

　英語の多様性に関して，これまで地域的変異，歴史的変異を見てきました。それに加えて，次に3つ目の柱として社会的な変異に焦点を当てたいと思います。社会的変異では，社会的階級・階層による違いや場面・社会的脈絡（コンテキスト）による差異，さらに男女の性差（ジェンダー）の問題も考えてみたいと思います。このようなことばの変化（バリエーション）と社会的要因の関わりを明らかにし，そのメカニズムを探る学問が「社会言語学」です。

　まず，この第8章では映画 *My Fair Lady*（1964）を扱います。これは，原作 B. Shaw: *Pygmalion*（1916）をもとに，貧しい下町娘エライザ（Eliza）が，言語学者ヒギンズ教授（Prof. Higgins）の指導で淑女となっていく姿を描いたミュージカルで，主役はオードリー・ヘップバーンとレックス・ハリソンです。

　この映画で特に興味深いのは，イギリスの階級社会を映し出した英語の社会的変異，いわゆる「階級方言」です。ロンドンの下町で花を売る少女 Eliza は，East End の労働者階級の方言コックニー（Cockney）を話しますが，そのひどい訛った英語を聞いた上流階級出身の言語学者 Prof. Higgins（実在した言語学者の H. Sweet がモデル

東宝・東和　昭和49年映画パンフレット

と言われる）は，英語の純正さを保持するという立場から彼女の英語を嘆かわしく思い，彼女に日夜特訓を施し，RPを身につけさせて社交界にデビューさせようと賭けをするのです（RPに関しては，p.46の用語解説を参照）。

　コックニーの著しい特徴は[ei]の発音が[ai]となることで，h-droppingと言って語頭のhの音が落ちます。例えば，hotel が[outél]のように発音される現象のことです。文法面では，I ain't got no parents. のような二重否定とか，He don't know. というような文法的間違いが起こったりします。彼女の発音の訛り具合を最もよく表したのが，次の有名な練習文です。その練習風景を見てみましょう。

> ELIZA　　：*The rine in spine sties minely in the pline.*
> HIGGINS：[correcting her] *The rain in Spain stays mainly in the plain.*

　この表記は Eliza の訛った発音をうまく表しています。つまり，雨の rain の発音は RP では[rein]ですが，彼女が発音すると[rain]になります。ところが，このような発音記号は一般の人にはわからないので，普通のスペリングで表わそうとするとこのようになるのです。英語の綴りと発音の関係から，最後が母音で終わる単語はその前の母音はアルファベット読みになる，という英語話者なら誰もが（無意識のうちに）知っているルールに基づいているのです。ですから，rine の "i" がアイとなり，「ライン」というふうに読みます。同様に，mainly, plain は「マインリー」，「プライン」と発音されることになります。

　次に，h-dropping を矯正するために，ロウソクを使った[h]の発音練習の風景が登場します。[h]の音は息が強く吐き出されるので，ロウソクの炎が揺れるはずなのですが

> HIGGINS：[patiently] *Watch closely, Eliza.* [He places the burner on the desk and lights the flame.] *You see this flame? Every time you say your aitch properly, the flame will waver. Every time you drop your aitch, the flame will remain stationary.* …

第9章　社会的変異：階級による違い　61

> *Now, repeat after me, In Herford, Hereford, and Hampshire, hurricanes hardly ever happen.*
> ELIZA：[conscientiously] *In 'ertford, 'ereford, and 'ampshire, 'urricanes 'ardly hever 'appen!*
> 　　　　　　　　＊stationary 静止した，conscientiously 用心深く

　Eliza のことばに注目ください。h を落とした表記に表れているように，語頭の h の音がことごとく脱落していることがわかります。逆に，ever という単語では余計な h をつけて hever となっているのは皮肉ですね。ちなみに，Prof. Higgins の言う "aitch" とは何でしょうか。皮肉にも，Prof. Higgins の発音が Eliza のコックニーに影響されて，[éitʃ] と言うつもりが [áitʃ] に訛ってしまったのです！

　もう1場面，ぜひとも見て欲しいのが次のシーンです。

> HIGGINS：[He taps out eight notes.] *How kind of you to let me come.*
> ELIZA　　：*How kind of you to let me come!*

　このシーンは Prof. Higgins が木琴でリズムを取りながら練習している光景ですが，何のためなのでしょうか。それは英語のリズム感覚を養うためなのです。つまり，英語のリズムは stress-timed rhythm（強勢リズム）と呼ばれ，強弱強弱が等間隔で起こります。そのため「強弱アクセント」とも呼ばれます。それを練習するためには，手を叩きながらとか，足を鳴らしながらというふうに身体で感じながら練習すると効果的になります。ちなみに，日本語は syllable-timed rhythm（音節リズム）なので，各音節が同じように強勢を受けるため平坦に聞こえ，「お経読み」と言われたりします。

　このような形で，日夜，Eliza の英語の特訓が続きます。時代背景的に面白いのは，Prof. Higgins の純正英語に対する信奉と，もう1つ，今から見ると差別的ととらえられるほどの他民族・女性蔑視があります。次の引用を見てください。

> *An Englishman's way of speaking absolutely classifies him.*
> *The moment he talks he makes some other Englishman despise him.*
> *...*
> *One common language I'm afraid we'll never get.*
> *Oh, why can't the English learn to set*
> *A good example to people whose English is painful to your ears?*
> *The Scotch and the Irish leave you close to tears.*
> *...*
> *There even are places where English completely disappears.*
> *In America, they haven't used it for years!*
> *Why can't the English teach their children how to speak?*

> *Why can't a woman be more like a man?*
> *Men are so honest, so thoroughly square;*
> *Eternally noble, historically fair;*
> *Why can't a woman be like that?*
> *Why does ev'ryone do what the others do?*
> *Can't a woman learn to use her head?*
>
> ＊square 公明正大な

　上の引用にあるようなことを言われたら，アメリカ人ならずとも，他のイギリス人（スコットランド人，アイルランド人がけなされている）もさぞ腹を立てることでしょう。2つ目の引用は現在では PC に引っかかり，カットされてしまう代物です。これだけひどい男尊女卑なのですから。Prof. Higgins という人物は，このように非常に古い型の男性像を象徴しています。

　今日のイギリスにおいても，依然として古い社会階級的な差異が英語に残っていることが，次のデータからわかります。ロスはイギリスの階級方言を U（上流階級）と Non-U（非上流階級）に分けて，例示しています（Ross 1956）。例えば，上流［U］の lunch に対して，［Non-U］は dinner と呼びます。同様に vegetables - greens, wireless - radio, rich - wealthy

などがあげられています。面白いのは，上流が table-napkin と言うのに対して，非上流がしゃれたフランス語 serviette を使う点です。これと同じことは謝罪する時，上流が "Sorry." と言うのに対して非上流がフランス語から来た "Pardon." を使うのにもあたります。上流志向の現れでしょうか。食事に関しては，イギリスでは Tea という食事がありますが，これは afternoon tea ではなく，High Tea と呼ばれるものです。上流階級が紅茶と菓子・軽食の afternoon tea をとるのに対して，High Tea の方は非上流階級の家庭で早めにとる夕食を指します。

発音における地域的変異と社会的変異の関係をまとめると，次のような三角形で表されます（Trudgill 1974）。

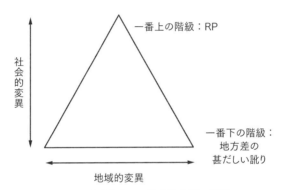

図7：地域的変異と社会的変異の関係

この図の興味深いところは，社会階級が上層になるほど話者数が少なくなるだけでなく，地域的変異が少なくなり，上流階級は誰も標準語 RP を話す点です。逆に，一番下層のレベルで地域差が最も甚だしいのは，この人たちは生まれてからずっとその土地にとどまり，社会的流動性がないため周りとの接触がなく，その地域の訛りが残るからです。もちろん最近ではテレビなどの影響で，地域差も減少してきていると思われますが。

第10章
社会的変異：デパートで

　前章ではイギリスの身分制度にもとづいた英語の変異を見ましたが、ここでは、もう一つの社会的な側面を映し出したアメリカでの研究に焦点を当てます。このラボフの研究（Labov 1966）は、発音と階級差の関係について調査したものです。対象となったのは、ニューヨークで顧客の階層が異なる3つのデパート（高級店のSaks Fifth Avenue、中産階級向けのMacy's、庶民派のディスカウント店S. Klein）の店員264名でした。

　方法としては、母音の直後にくる［r］の有無を調べました。というのは、アメリカ英語ではcar［kɑːr］の［r］のようなpost-vocalic［r］は威信形（格調の高い発音）とされているからです。具体的には、客を装った調査員が店員に次のような質問をして、その返答にpost-vocalic［r］が出ているか、いないかに注目したのです。

> 客　：*Excuse me, where are the women's shoes?*
> 店員：*Fourth floor.*
> 客　：*Excuse me?*
> 店員：*Fourth floor.*（強調して）

表4：Labovの調査

　客を装った調査員は、女性の靴売り場が4階にあることを知っていながら、Fourth floorを言わせたかったのです。Fourth floorと2カ所post-vocalic［r］が出てくる可能性があります。さらに、よく聞こえなかった振りをして"Excuse me?"と問い返すのです。当然、次のFourth floor は強調されます。そうすると，post-vocalic [r] の出現率は増えるはずだと予想されます。このような調査の結果，4回 [r] が現れる可能性があるうち，1回でもきちんと発音した人は S 62%, M 51%, K 21% でした。つまり，客層の違うデパートによって発音との相関関係が確認されたのです。

　次に，ラボフは被験者を4つの階層（upper middle class / lower middle class / working class / lower class）に分け，母音の直後の [r] の有無を，5つのスピーチ・スタイル（くだけた，慎重，朗読，語彙リスト，最小対立）について調べました。「最小対立」というのは minimal pairs のことで（例：light—right），発音するのに注意度が最も高まります。これらの結果を示したのが下の図です。説明の英文（Holmes 1992）を読みながら，図と照らし合わせてポイントを確認してください。

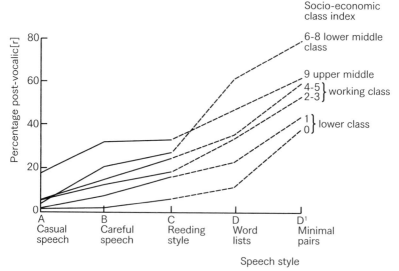

図8：社会階層とスピーチ・スタイルによる Post-vocalic [r]
(Labov 1966: 160)

第 10 章　社会的変異：デパートで　67

> First of all, the diagram provides another example of the patterned relationships between social group and linguistic variation. The structured hierarchy of New York social classes is reflected in each of the distinct lines drawn on the diagram.
>
> …
>
> The diagram also illustrates variation in speech style. People's pronunciation of post-vocalic [r] increases as they pay more attention to their speech.
>
> ＊linguistic variation 言語的変異,
> 　structured hierararchy 体系化された階層性

　ここには 2 つの大事なポイントがあります。引用文の前半は階層による違いを説明したもので，一番下の lower から階層が上がるに伴い出現率がアップしていることが確認できますね。また，引用の後半は文体による違いを説明しています。横の X 軸に示された A～D の文体で，注意度が高まるにつれて，出現率が増加しています。これらの結果から，階層が高くなるにつれ，また注意度が高まるにつれ，威信形の post-vocalic [r] の比率も上がるという二重の相関関係がわかります。

　上の 2 点に加えて，この研究で大発見につながったのは，図の中央あたりで 2 つの線が交差している部分に関してでした。なぜか C の Reading style あたり以降，下層中産階級（LMC）が上層中産階級（UMC）を上回っています。これは，下層中産階級の人たちが意識の高まる D, E のスピーチ・スタイルになると逆転現象を起こし，上層中産階級の人たち以上に post-vocalic [r] を多用するようになることを示しています。このように，下層中産階級の人たちが上の階級をこえてまで意識的に直しすぎる態度を「過剰矯正」（hypercorrection）と呼び，この人たちの持つ上昇志向の意識を映し出していることが裏付けられたことになります。

　左の図 8 でこの点が確認できたら，次に，このことを説明した英語の一節に挑戦してみましょう。

> **問題** 次の英文の空欄に LMC（下層中産階級）か UMC（上層中産階級）のうち，どちらか正しい方を入れてください。
>
> So post-vocalic [r] pronunciation is a very sensitive marker of class and of style in New York. Overall the higher the social class you belong to, the more post-vocalic [r] you pronounce, and the more formal the context, the more often you pronounce post-vocalic [r].
>
> There is an exception to the generalization, however. The third interesting point the diagram illustrates is the tendency of group 2, the lower middle class (LMC), to pronounce [r] even more often than group 1, the upper middle class (UMC) in the two most formal styles. [   ] speakers out-perform [   ] speakers when they are reading isolated words. This is hypercorrect behavior – the [   ] are overdoing it. [   ] speakers serve as a model for the [   ], but in the styles where they can most easily monitor their speech, the [   ] go beyond the [   ] norms to produce a style which can be described as 'more correct' than the standard – 'hypercorrect' speech.
>
> ＊out-perform〜 をしのぐ，hypercorrect 過剰訂正された

　イギリスにおいても，言語使用と社会階級差について興味深い研究が1960年代になされました（Bernstein 1964）。バーンステインは社会階層の違う2つのグループ（中流階級 vs. 労働者階級）のティーン・エージャーを対象にスピーチ・サンプルを比較したところ，中流階級のスピーチ・スタイルは論理的で，コンテキストに依存せず複雑な構文が顕著だったのに対して，労働者階級の方は，語彙が限られ言語構造が単純化され，「あれ，それ」というような指示詞が多用されたコンテキスト依存型でした。この違いを「精密コード vs. 限定コード」（elaborate code vs. restricted code）と名付けました。このような違いは，生まれ育った家庭でのコミュニケーション・パターンによるものであると考えられ，家庭での使用コードの違いが学業にも密接に関係してくると考えられます。何故かという

と，学校教育では教科の学習に求められるのは精密コードだからです。この違いは，第4章で述べたバイリンガルの BICS vs. CALP の対比にもつながります。家庭での読み聞かせなどによる精密コードの発達は，抽象的な思考に必要とされる認知能力と深い関係を持ち，CALP に結びついてくるのです。

解 答

There is an exception to the generalization, however. The third interesting point the diagram illustrates is the tendency of group 2, the lower middle class (LMC), to pronounce [r] even more often than group 1, the upper middle class (UMC) in the two most formal styles. [LMC] speakers out-perform [UMC] speakers when they are reading isolated words. This is hypercorrect behavior – the [LMC] are overdoing it. [UMC] speakers serve as a model for the [LMC], but in the styles where they can most easily monitor their speech, the [LMC] go beyond the [UMC] norms to produce a style which can be described as 'more correct' than the standard – 'hypercorrect' speech.

第 11 章
場面による使い分け：丁寧さ

　社会的変異の1つとして，日常の言語生活で重要になってくるのは，場面によることばの使い分けです。いわゆる TPO により場面や相手にふさわしいことば使いが求められます。文法的に正しくても，コンテキストから見て社会的に適切でないと誤解を生んだり，相手を傷つけたり，コミュニケーションに支障をきたすことになります。この意味において，生きた英語を考える上で非常に重要な視点になります。

　日常的な例として，電話の応対を考えてみましょう。受話器を取り，まず「もしもし，オカですが」と返答します。大きく違ってくるのはその後です。相手が誰なのかわかった途端，「なんだ，お前か」となったり，「はい，かしこまりました」というように，ことば使いが180度変わります。「くだけた表現」から「かしこまった表現」までいろいろな可能性がある中から，相手によって社会的に最も適切と思われることば使いを瞬時に選んでいるのです。

　私たちは，コミュニケーションの起こる状況（「正式な場面」から「くだけた場面」），および対人的要因（社会的な上下関係や親密度）によって文体を選択し，形式さ（formality）や丁寧さ（politeness）を調節します。とりわけ，タテ社会である日本文化においては重要で，日本語では相手に対する敬意に加えて，自分を謙譲するという形で敬語が複雑に機能しています。ただ，丁寧さを表そうと「お」をつければいいという問題ではなく，単語そのものがそっくり変わってしまいます。「先生が…と言った／…へ行った」と言っても，一応文法的には正しく意味は伝わりますが，このような発言は社会性がまだ未発達の子どもの場合には許されても，大人

の言語使用においては社会的に不適切で，相手の感情を害したり，人間関係の上で摩擦や誤解を生じたりします。そこでテストです。

> **問題1** 次の語の敬語表現と謙譲語は？
> ・「言う」：（　　　　）（　　　　）
> ・「行く」：（　　　　）（　　　　）

このような言語使用の社会的側面をとらえるための枠組みが，register（言語使用域）という概念です。Register には「談話の領域／媒体／態度」の3つの柱があります。

(1) 談話の領域（Field of discourse）

「談話の領域」とはどんな話題なのかに関わるものです。例えば，専門分野の話と日常の話題との違いです。科学技術英語ではラテン語系の専門用語が多く，文構造も複雑で受動態が好まれますが，日常会話では文は短くてわかりやすく，省略が多いという特徴があります。

例を挙げると，科学論文では put off は postpone という語で代用されたり，I conducted the experiment ～ という文体では主観的に響いてしまい，「それはあなたの勝手でしょう！」なんて言われかねないため，The experiment was conducted ～ のように受身で表します。そうすると，誰がやっても同じ結果になるという客観性が出るからです。また，次の文のように，SVOC のような固い文構造や名詞的表現を of で繋ぐというような文法的特徴が多く見られます。

The achievements of modern scientists have enabled us to reach the moon; but they have also made it possible to destroy each other on a scale undreamt of in former ages.

(2) 談話の媒体（Mode of discourse）

「談話の媒体」とは，書きことばと話しことばの違いを指します。例えば，レポート提出に関して，教室では先生は口頭で "Please hand in your reports by Friday." と言うでしょうが，同じことを掲示板に張り出す時には "The reports should be submitted not later than Friday this week."

と固い文体になります。このように媒体によって，口語的 vs. 文語的と表現が変わります。

　文法で強調構文を習ったことがありますね。強調構文は書きことばの特徴で，話しことばでは音声でその部分を強調して表します。例えば，「いったい誰が窓ガラスを割ったのだ？」に対して，It was not I who broke the window. ではパンチが効きませんから，I didn't do it. と I を強調して言うわけです。

　古い文法学習では，機械的に複文を分詞構文で書き換えるというような問題がよくありました。しかし，分詞構文はその硬い文体的特徴ゆえに，日常会話にはふさわしくありません。Being tired, I went to bed early. ではあまりにも堅苦しく聞こえますので，くだけた話しことばでは I went to bed early because I was so tired. とか I was so tired I went to bed early. と言うのが普通です。

　次の資料は，同じ内容を述べた話しことばと書きことばを対比させたものです。A／B どちらの欄に話しことばが来ているのかは一定ではありません。しかし，それにもかかわらず識別できるのは，話しことばの特徴があるからです（Littlewood 1981: 98）。

問題2　次の A/B のどちらが「話しことば」か「書きことば」か，選びなさい。

	A	B
1.	The contextualised material facilitated the remembering ...	The contextualised material did help the remembering ...
2.	Now, later on, at some other time, I'd like to go on to the implications for language teaching.	At a later date, I should like to explore further the implications of the results in terms of language teaching methodology itself.
3.	One might ask how one could be sure.	You can ask 'How can I be sure?'
4.	You can do the same with	The same may also be done

schools.	with schools.
5. Before presenting these results, perhaps one should define some terms.	But before going on to these results, let's define some terms.
6. Now, unless you carried them out in different geographical or LEA regions, you're not going to be able to do much generalising about them.	Experiments concentrated in one locality would not really be open to generalisation.
7. O. K., I think that's about enough. Let's sum up.	To sum up:

　この資料をもとに話しことばと書きことばを比較すると，いくつかの違いがわかります。6 がいい例ですが，内容の密度の点から余剰性が高くなることがわかります。これは，聞き手が耳から聞いただけで容易に情報が処理できなければならないためです。また，書きことばではパラグラフを改めることによって新しい話題が示されますが，話しことばでは，now, right, O. K. というような談話標識が用いられます。話しことばの特徴として，語彙面では口語的な語彙（1 の facilitate に対して help），表現面では強調表現（absolutely），あいまいな表現（something like that），ためらい（you know）などが目立ちます。また，文法面では短縮形（I'll, couldn't），頭部省略（Feeling better?），付加疑問・陳述（〜, I think）が多いなどの特徴が見られます。

(3) 談話の態度（Tenor of discourse）
　「談話の態度」とはどのような態度で話すかということで，相手との相対的な立場・役割関係，およびどれだけ親しいのかによって変動します。つまり，「社会的な上下関係×親密度」で表すことができます。日本文化では，さらに年齢要因（相手が年上かどうか）が大きく関わってきます。
　ヨーロッパの言語を見ると，フランス語では二人称の呼びかけを親称は tu, 敬称は vous と区別します。ドイツ語でも同様に，Du-Sie と使い分けます。英語でも以前は thou と you の区別がありました。シェークスピア

の「ロミオとジュリエット」で，舞踏会のシーンでは Juliet が次のように Romeo に呼びかけています．

"Good pilgrim, <u>you</u> do wrong your hand too much, …"（1 幕 5 場）
ところが，バルコニー・シーンになると，thou に変わっています．
"Oh, Romeo, Romeo, wherefore art <u>thou</u> Romeo?"（2 幕 2 場）

この 2 つの呼びかけを比較すると，よそよそしい you から親しみを込めた thou に変わっていることから，その間に起こったジュリエットの気持ちの変化がよくわかります．英語ではこの区別が時とともに廃れ，今や二人称は you のみになっているのです．

実際の言語使用において，そのような区別がどのように機能するのかを図示したのが，次のアーヴィン＝トリップの図で，スペイン語の二人称代名詞 T（親称）と V（敬称）の使い分けをフローチャート式に示しています．

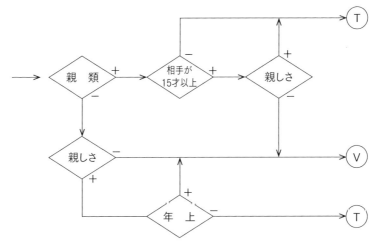

図 9：スペイン語の二人称代名詞 T と V（ネウストプニー 1979: 47）

さて，ここで敬意表現の練習問題です（Leech 1983）。

> **問題3** 本を貸してもらいたい時どのような表現が適切なのか，次の7つの依頼文を丁寧さの順に並べなさい。
>
> Could you lend me this book, (please)?
> Would you lend me this book, (please)?
> I wonder if you could lend me this book.
> Please lend me this book.
> Will you lend me this book, (please)?
> I was wondering if you could lend me this book.
> Can you lend me this book, (please)?

さて，ここで「丁寧さ」(politeness)に焦点を当てて，考えて見ましょう。大人は場面や相手によって丁寧さを調節します。このような言語使用の社会的な側面の発達は，子どもの社会性の発達と深く関わってきます。子どもの人としての成長，つまりその言語文化への社会化の一環になります。日本文化の場合，とりわけ複雑な敬語の仕組みがあります。お母さんを「母」と呼ぶようになるのは，いつ頃からでしょうか。日本語の敬語の仕組みは尊敬語と謙譲語の両方があり，「行く」は「いらっしゃる－参る，伺う」，「言う」は「おっしゃる－申す」と形を変えて尊敬や謙譲を表します。何でも「お～」をつければ丁寧になると思っていると，そうでもありません。「御飯」は「お～」ではなく，「ご～」です。この2つの区別は，和語の場合が「お～」で，漢語の場合が「ご～」なのです。それゆえ，「お金，お知らせ，お世話さま」に対して，「ご自宅，ご来店，ご苦労さま」となります。

英語では，しつけの一環として，子どもが "I want juice." のような自己中心の要求をすると，お母さんが，"Say, please." とさとします。子どもは仕方なく "Juice, please." と言い直します。社会的に不適切な表現を指摘されることで，次第に丁寧さに対する感覚が育っていくのです。

Leech (1983) は，丁寧さに関して，次の2つの原則を提唱しました。次に示すように，「利益－負担」の尺度によって丁寧さをモデル化しました。

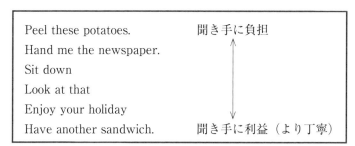

表5：丁寧さの尺度「利益 - 負担」

　同じ命令文という文法的な形式を取っていても，その内容から聞き手に利益になる程丁寧さが増し，負担になれば丁寧さは減ずるのです。しかしながら，時にはどうしても相手に負担になるようなことを依頼しなければならないような状況もあり，そのような時にどのようにすれば丁寧さを出すことができるのでしょうか。

　それが2つ目の「間接性の尺度」です。間接的な表現を用いることによって丁寧さの度合いを増すのです。なぜ間接性を増すと丁寧になるのかと言えば，間接的な発語内行為は選択の度合いを増加させ，押し付けを弱めるからです。つまり，"No"という選択をしやすくするからなのです。

> **問題4**　次の6つの文を丁寧さが増す順に並べ替えなさい。
> Answer the phone.
> Could you possibly answer the phone?
> Can you answer the phone?
> I want you to answer the phone.
> Will you answer the phone?
> Would you mind answering the phone?

　このように社会言語学での知見が深まってくるに従い，英語教育においても，英語力のとらえ方が変わってきました。これまでのように，文法的な正確さだけを問題にしていた狭いとらえ方では，このような社会的な側面をとらえることができません。その意味で，チョムスキーのcompetence（言語能力）という概念も頭の中にある統語中心の知識に偏ってい

て，実際に英語を使う運用能力すべてをカバーすることができませんでした。そこで新しく起こったのが，communicative competence（伝達能力：CC）*という考え方です。CC は文法能力に加えて，社会言語能力，談話能力，方略能力の4つの能力から構成されます（Canale 1983）。つまり，生きた英語の運用能力はこれらの要素が総合された形で機能しているのです。この章で述べた「丁寧さ」は社会言語能力に入ります。また，談話能力と方略能力については第15章で具体的な事例で説明しますので，そちらを参照ください。

用語解説

＊communicative competence（伝達能力）
言語を実際の状況で適切に使用する能力。Chomsky の competence（言語能力）の概念では実際の運用能力の全てを説明できないとして，Hymes が唱えた概念。Canale（1983）はそれを発展させ，文法能力に加えて，社会言語能力，談話能力，方略能力の4つに分けた。つまり，コミュニケーションを円滑に進めるためには，文法的に正確であるだけでなく，社会的に適切で，談話のつながりが的確であること，さらに，効果的なストラテジーを駆使する（例えば，わからない部分に今持っている力で何とか対処する）ことが求められるのである。

解答1
- （敬語）おっしゃる／（謙譲語）申す
- （敬語）いらっしゃる／（謙譲語）参る

解答2　話しことばは，次のごとくです。
1　B
2　A
3　B

4	A
5	B
6	A
7	A

解答 3

1 Please lend me this book.
2 Will you lend me this book, (please)?
3 Would you lend me this book, (please)?
4 Can you lend me this book, (please)?
5 Could you lend me this book, (please)?
6 I wonder if you could lend me this book.
7 I was wondering if you could lend me this book.

解答の解説をします。1は，please がついてはいるものの，命令文が示すように命令口調なので，丁寧さは落ちます。2は依頼の用件が相手にとって当然すべき義務であるような時（目上から目下の者へ）に使われ，3はもう少し丁寧に，業務用として用を頼む時（客から店員に対して）に用いられます。4,5は押しつけがましくない態度でものを頼むことになります。つまり，2,3が「してくれるつもりですか」と問うのに対して，4,5は「できる立場にありますか」とやんわり尋ねるのです。4は親しい間柄でinformal，5は最低限の礼儀をつくす気持ちで使われます。そして，6,7はさらに控えめな態度でものを頼む表現になります。つまり，私が思っているだけであって，「してくれ」と頼んでいるわけではないのですが，という気持ちを表します。とりわけ，過去形だと「〜だと思ったのですが」と，さらに間接的で遠慮がちに響くので丁寧さが増します。

　もちろん，discourse 的には，「ユース・ホステルで毛布を借りる」場面で議論したように，前置きを置くことによってさらに和らげて婉曲に表すと，丁寧さを増すことにつながります。

解答4

Answer the phone.　　　　　　　　　　　　間接性
I want you to answer the phone.
Will you answer the phone?
Can you answer the phone?
Would you mind answering the phone?
Could you possibly answer the phone?　　　↓ (より丁寧)

命令文は最も直接的で強く押しつける表現（〜しなさい）になり，次に want you to 〜（〜してほしい）もかなりの強制力が働きます。次に，依頼でも Will you 〜? は「してくれないか」とやや押しつけがましいのに対して，Can you 〜? は「出来ますか」と押しつけが少し弱まり，No の余地が大きくなります。さらに，仮定法で mind や possibly を併用して，「〜してもらってもいいでしょうか」とか「ひょっとして〜してもらえないでしょうか」というような感じで，間接性が増しより丁寧になっていくのです。

第12章
性差（ジェンダー）

　これまで社会的階層による違い，場面による使い分けなどをみてきましたが，社会的変異にはその他，性差（ジェンダー）による違い，民族による違い（黒人英語，特に Ebonics と呼ばれるアフリカ系アメリカ人の英語），年代による違い（語尾のイントネーションを上げて話す uptalk と呼ばれる若者ことば）など，いろいろな多様性があります。ここではそのうちの性差を扱うに留めたいと思います。

　最近の英語の特徴として，差別を嫌う PC の流れに触れました（第2章）。Chairman が chairperson/chair に変わり，teacher を受ける代名詞は he/she になりました。そのような男女平等の流れの中でも，依然として男女の違いは認められます。日本語ではとりわけ男女差が大きいことで知られています。川端康成の『雪国』の出だしの部分で，陽子が「駅長さん，私です。ご機嫌よろしゅうございます。」と言っているのを見ると，すぐにこれは女性のことばだとわかります。それに対して，駅長さんが「ああ，陽子さんじゃないか。お帰りかい。また寒くなったよ。」と答えているのは，明らかに男性ことばです。サイデンステッカーの訳（1956）では，

　　"How are you?" the girl called out. "It's Yoko."
　　"Yoko, is it. On your way back? It's gotten cold again."

となっているだけで，英語でははっきりと男女の違いはわかりません。
　そのような性差を実体験するために，次の英文の一節を日本語に訳して

みましょう。出典は J. Austen: *Pride and Prejudice* の Chapter 10 で，Mr. Darcy が手紙を書いているところへ Miss Bingley が口をはさむ場面です。

> **問題** 次の英語のやりとりを男性から女性へとして，また逆に，女性から男性へとして和訳するとどうなりますか
> A : You write uncommonly fast.
> B : You're mistaken. I write rather slowly.

1つの解答例を示してみます。
- ［男→女］バカに早く書けるね→違うわ，これで私遅い方よ。
- ［女→男］ずいぶん早くお書きになるのね→いや，これでも僕は遅い方だ。

ここで，訳本ではどうなっているのか，調べてみました。すると，次のようになっています（富田 1994）。

> 「あなたはとても早くお書きになるのね」
> 「どういたしまして。僕はおそい方ですよ」

このように日本語では男女の違いが顕著ですが，英語ではそれほどはっきりしません。しかし，だからと言って英語に性差がないというのは言い過ぎです。Damn!（こんちくしょう），Jesus Christ!（なんてこった）というような驚きや失望を表す俗語表現は主に男性が使いますし，他方，女性の表現でよく聞かれるのは I <u>love</u> music. I'd love to. You are <u>so</u> kind. The dinner was <u>absolutely</u> marvelous. などが挙げられます。

同じことを言うのに男女間でどのように違うのか，具体的な例をみると，女性が "Oh dear, you've put the peanut butter in the refrigerator again."（あら，まあ，またピーナッツバターを冷蔵庫に入れちゃって）と言うところを，男性だったら "Shit, ～"（クソッ! またピーナッツバターを冷蔵庫に入れたのかよ）と言うだろう，というわけです（Lakoff 1975）。レイコフは女性英語の特徴を研究した第一人者で，女性英語には次のような特徴があると指摘しています。

> (1) 垣根ことば（ぼかしことば）：sort of, kind of, I guess
> (2) 極端に丁寧な表現：Would you please 〜, I'd really appreciate it if 〜
> (3) 付加疑問
> (4) 誇張した表現：強調の so，強調したイントネーション
> (5) 無意味な形容詞の多用：感情を表す sweet, adorable
> (6) 文法と発音の過剰矯正
> (7) 色彩語彙の豊かさ：beige, moss-green（くすんだ黄緑）
> (8) 平叙文に上昇調のイントネーション

表6：女性英語の特徴

例えば，可愛い赤ちゃんを見ると "Isn't she adorable?"（何てかわいい赤ちゃんなの）となるわけです。(6) の過剰矯正に関しては，Labov のニューヨークのデパートでの調査結果にも表れていました（第10章）。また，(8) 上昇調のイントネーションは最近の若者ことばの特徴の一つでもあり，アップトーク（uptalk）と呼ばれています。平叙文なのに疑問文のように語尾を上げるのは，相手の同意を求めるとか，自信のなさを表すとか，それとも断定的な表現を避けるというような，何らかの社会心理が働いていると考えられます。これと同じ心理は，特に女性が like（〜のような）を多用することにも表れています。これは (1) に入りますね。

さて，これまで性差に関して単語レベルで見てきましたが，1980年代になると，単語レベルでの比較から談話分析（discourse analysis）が盛んになり，男女の談話構成の相違に目が向けられるようになってきました。男女関係を考える際，従来は力関係，つまり power の上下によって説明されていました。それに対して，新しいアプローチとして，男女の会話スタイルの違いを水平思考でとらえようとする立場が現れました。D・タネンは男性の話し方を report-talk，それに対して女性の話し方を rapport-talk と呼びました（Tannen 1990）。report-talk は public speaking のようにややかしこまった席で，あまりよく知らない多くの参加者と情報提供を目的に行われるスタイルです。それに対して，rapport-talk はプラ

イベートな話し合いの場で，少数の親しい間柄で，地位的にも同等な者同士の時に使われる会話スタイルです（rapport＝調和）。

次の夫婦の食事風景を描いた一節を読んでみましょう（Tannen 1990: 81）。

> Women's dissatisfaction with men's silence at home is captured in the stock cartoon setting of a breakfast table at which a husband and wife are sitting: He's reading a newspaper; she's glaring at the back of the newspaper. In a Dagwood strip, Blondie complains, "Every morning all he sees is the newspaper! I'll bet you don't even know I'm here!" Dagwood reassures her, "Of course I know you're here. You're my wonderful wife and I love you very much." <u>With this, he unseeingly pats the paw of the family dog, which the wife has put in her place before leaving the room.</u>
>
> ＊Dagwood 旦那の名前，Blondie（ブロンドの髪の）奥さんを指す，paw 犬の足

読みながら，この状況を想像してみてください。特に，最後の下線を引いた文章の様子を漫画的に描いてみたら，ユーモラスでさぞ面白いでしょう。旦那がさすっているのは奥さんではなく，犬の脚なのですから。食事中に妻が話しかけても，夫は生返事ばかりして，話を全然聞いてくれないという不満は，洋の東西を問わないようです。ここで対比されているように，男性にとって話をするのは情報（information）の伝達のためであるのに対して，女性にとっては人と人の交流（interaction）のためなのです。

これと同じテーマで，新聞の Ann Landers の人生相談欄に読者から次のような相談が持ちかけられました。

> My husband never speaks to me when he comes home from work. When I ask, "How did everything go today?" he says, "Rough ..." or "It's a jungle out there." (We live in Jersey and he works in New York City.)
>
> It's a different story when we have guests or go visiting. Paul is

第12章 性差（ジェンダー） 85

the gabbiest guy in the crowd—a real spellbinder. He comes up with the most interesting stories. People hang on every word. I think to myself, "Why doesn't he ever tell *me* these things?"

　This has been going on for 38 years. Paul started to go quiet on me after 10 years of marriage. I could never figure out why. Can you solve the mystery?

—The Invisible Woman

＊gabby おしゃべりな，spellbinder 人を夢中にさせる人

　この悩みはアメリカに限らず日本社会でも見られ，文化をこえた男女間の異文化コミュニケーションの問題と言えるようです。私自身オーストリア人女性と結婚して，これと同じような問題を抱え，なぜかと考えた時，最初は日本文化と西洋文化の差だとたかをくくっていました。ところが，このタネンを読んで，そればかりではなく男女の問題が潜んでいることに気づかされました。

第 13 章
英語の生態：語用論

　第 2 章では「文法をこえて」と題して，コミュニケーションにおいてキネシックスや準言語が文法をも否定することを学び，続く章では英語に焦点を合わせ，地域的な多様性や社会的な変異や使い分けなどを見てきました。それらを通して，いかに英語が生きているのか，実際にどのように使われているのか，理解が深まったことと思います。

　本書ではこれまでの古い文法の「こうあるべきだ」という考え方（規範文法）をこえて，記述文法的なアプローチで実際に使われていることばに焦点を当て，生きた言語としてとらえます。そして，そのようなアプローチを「英語の生態論」と名付けたのです。その中で導き出された重要なポイントは，主に次の 3 点にまとめることができるでしょう。

- 準言語が文法をこえる。
- ことばの適切さは場面によって変わる。
- コミュニケーションの目的は意図の伝達と理解である。

　このような考え方は「語用論」(pragmatics) と重なります。語用論とは，「言語研究に話し手と聞き手，およびシチュエーション（場面，脈絡）を加え，話し手の意図と聞き手の解釈を中心に，表現の持つ意味合いを考察する分野」と定義されます。それに対して，従来の狭い文法研究は言語の仕組み（特に統語論）だけに集中し，コミュニケーションに関わる人間や場面を切り捨て，意味も命題的意味（文字通りの意味）のみで，含蓄や言外の意は含まないため，生きた英語の生態をとらえるには十分ではありません。実際の英語の使用 use を見ると，人のコミュニケーションは特

定の場面，コンテキストの中で起こり，それに関与する人たちの気持ちや態度が入り込んできます。つまり，私たちは usage（用法）ではなく，language in use に興味を持っているのです。

それでは，復習の意味も含めて，その辺りのことをまとめて確認しましょう。

> 問題1
> (1) 音声の働きに関して
> - I beg your pardon. のイントネーションによる意味の違いは？
> - What are you doing? に異常な強勢があるとどのようなニュアンスになるか？
> - Aren't you coming? に含まれた気持ちは？
> - I can't do it now. の最後の部分が有標な fall-rise のイントネーションで発せられるとどのようなニュアンスが伝わるか？
> (2) コンテキストの働きに関して
> - He was killed by the bank. の持つ多義性とは？
> - Flying planes can be dangerous. の2通りの解釈とは？
> - 「僕はうなぎだ」は英語になるか？

さらに，(3) パンクチュエーションの働きにも触れておかなければなりません。それは，書きことばにおけるコミュニケーションで，コンマのようなパンクチュエーションひとつで大きく意味が変わってくるからです。

> 問題2　次の例文を，パンクチュエーションに注意して意味を考えてみてください。
> - パンダの定義で Panda: Large black-and-white bear-like mammal, native to China. Eats, shoots and leaves. とありました。「食べて，鉄砲を撃って，立ち去る」とは一体何のことでしょう？
> - もう1つ面白い例として，女性について定義した文ですが，コンマの位置によってまったく別の意味になります。
>   A woman; without her, man is nothing. に対して，
>   A woman, without her man, is nothing. はどう違いますか。

それでは，具体的にことばの生態を考えるに当たり，次のような夫婦の会話のひとコマを見てみましょう。お酒を飲んでいる夫に，妻が「飲んでるの」と尋ねる場面です。見ればわかるのに，あえて言うということはどうしてでしょうか。この文は表面的には単なる Yes/No の質問です。ところが，語調によっては「飲み過ぎではないか」（非難）とか「体に良くない」（忠告）という意を含んできます。イントネーションによっては，「私もいただこうかしら」ということにもなります。

　このように，発話には文字通りの意味（陳述）だけでなく，音調やコンテキストによっていろいろな意味合い（ここでは非難や忠告）が含まれます。発話は，そのように何らかの社会的な働きをするのです。そのことをオースティンは「発話行為論」（Speech Act Theory）と呼んで，次のように提唱しました（Austin 1962))。①まず文を発するという「発話行為」があり，②その発話は依頼や非難というような話者の意図，つまり「発語内の力」（illocutionary force）を含み，この行為が「発語内行為」（illocutionary act）と呼ばれる。③それによって聞き手に特定の効果を引き起こすことになる（「発語媒介行為」）。

　わかりやすい例として，Can you pass me the salt? を考えてみましょう。Can 〜 で一見，能力を尋ねている（発話行為）ようですが，発語内行為としては依頼の働きをします。その依頼を受けた聞き手が発語媒介行為として，塩を渡すという行為を遂行することによって，この発話行為は完結します。それゆえ，発話行為論は，語彙の辞書的意味とそれらの統語関係から導き出される文字通りの意味（literal meaning）をこえて，発話の中に含まれた「発語内の力」つまり話者の意図を探っていくのです。この話者の意図が正しく理解されて初めて，コミュニケーションが成功したことになります。

　子どもは「ママ，トイレ！」のように直接的に言いますが，大人は婉曲的に「ちょっと失礼します」と言って真意を間接的に伝え，聞き手はそれを推量して了解します。このように，直接的に言うと大人気ない，不躾になるという気持ちが働いて，我々大人はこのような間接的な発話行為を多用するのです。"Can you pass me the salt?" という文は，確かに文法的には能力を尋ねる疑問文の形をしていますが，社会的には，依頼という発話の機能を果たしています。ですから，"Yes, I can." という文法的な対応で

は不十分で，依頼に対する反応として "Here you are." と言って塩を取ってあげるという発語媒介行為が期待されるのです。

> **問題3** 相手の人が "I'm thirsty." とか "It's cold in here." と言った場合，どのような発語内の力があり，聞き手はどのように反応すれば良いのでしょうか。

　このような間接的な発話行為の持つ意味合いは，コンテキストによって異なります。例えば，"It looks like rain." という発話の場合，空を見上げて独り言のように言えば単なる陳述でしょうが，母親が出かけようとしている娘に対して言えば「傘を持って言ったほうがいいわよ」という忠告になったり，また場合によっては「洗濯物は外に干さないほうがいい」とか「運動会はないのでは」というような間接的な意味合いが込められたりします。そうすると，聞き手の側としては，そのような話者の意図を的確に推し測ることが求められます。聞き手は，コンテキスト全体をもとに話者の意図，発話の真意を推量しなければなりません。

　特に問題になるのが，命題的意味（文字通りの意味）と発語内の力との距離が離れている場合です。慣用的な Can you 〜? などは習慣化しているのでやさしく，また It's cold in here. もあまり問題なく脈絡から類推できます。ところが，猫の尻尾を引っ張って遊んでいる子どもに対して "I'm sure the cat likes having its tail pulled." とお母さんが言ったとしたら，子どもには一連の推論が要求されます。「猫が喜んでいる？　おかしいな。いじめているのに…」というような推論を働かせて，子どもがいたずらを止めればいいのですが，それがわからずふざけ続けたりすると，お母さんは今度は "Stop it!" と命令口調で直接的に意図を伝えることになるわけです。

　それでは，次に推論がどのように働くのかを考えてみましょう。身近な例として，先ほどの夫婦の夏の日の会話です。夏の暑い日，仕事から帰ってきた夫が汗を拭き拭き「あー，今日も暑かったなー！」と言いながら入ってきた時，妻はどのように対応するのでしょうか。「はい，暑かったですね」では夫婦関係があまりにもクール過ぎます。夫に共感し，その発話

の背後に隠された意図を推察して，「ビールが冷えていますよ」と言うと，全てが丸く収まりますよね。

　Grice（1975）は「協調の原則」（Cooperative Principle）として，話し手と聞き手が従う4つの公理を提示しました。

- 量の公理（maxim of quantity）：過不足なく話せ
- 質の公理（maxim of quality）：根拠ある真実を話せ
- 関連性の公理（maxim of relevance）：関連性のあることを話せ
- 様態の公理（maxim of manner）：明瞭，簡潔，順序よく話せ

表7：協調の原則

　理想的な形だとこれらの原則がすべて守られるのですが，話し手はこれらの内のどれかを破ることによって言外の意を伝えようとするのです。聞き手の側は，破られた原則をもとに，なぜなのか推論していくことになります。上の猫の尻尾を引っ張っている子どもの例ですと，「そんな余計なことは言う必要がないのに→何か他の意図があるのに違いない→（猫が喜んでいるわけはないので）質的に反対のことを言っているのだ→つまりStop it!のことなのだ」というような形で推論が働きます。

　もう1つの例として，悪徳セールスマンの場合を考えてみましょう。新しく売り出された洗濯機をお客に勧めているセールスマンが，お客から"How long does it take for the new washing machine to complete a whole cycle?"と尋ねられて，"Only ten minutes."と答えました。客は「10分とは早くて便利」というわけで買ったのですが，使ってみると水の消費量が倍になることが判明しました。が，それも後の祭りです。セールスマンは尋ねられたことに対して，文法的には正しく返答しました。しかし，その裏には都合の悪いことが隠されていたのです。つまり，But it uses twice as much water.を言わずにおいたのです。つまり，上の「量の公理」を破っていることになります。

さて，ここで最後の問題です。

> **問題4** 大学生が単位のことが気になり，教授に自分のレポートの出来具合を "How did you find my report?" と尋ねたところ，教授から "It was well typed." という返答が返ってきました。どのように解釈したらいいのでしょうか。

解答

（1）音声の働きに関して
- 下降調だと I'm awfully sorry. 上昇調だと Could you say that again?
- 叱責，非難の「お前，一体何やってんだ！」
- イラ立ち（否定疑問に注意）「お前，来ないのか！」
- ... maybe later. というような意味合いが含まれる。

（2）コンテキストの働きに関して
- コンテキストによって2通りに解釈できる。by が場所を表すか，動作主を表すかによって，「土手で殺された」or「高利貸しに殺された」となる。
- Flying を動名詞で主語ととれば「紙飛行機などを飛ばすと（電線があって）危ない」or Flying を現在分詞の形容詞的用法ととって planes が主語だとすれば「飛んでいる飛行機は（落ちるかもしれないので）危険だ」となる。
- 普通 I am an eel. はおかしいが，レストランで "Now, who's the veal parmesan and who's the spaghetti?—I'm the veal; she is the spaghetti." という会話は成り立つので，同様な場面で "I am the eel." と言える。ただし，もっと自然な表現は "The eel is for me." であろう。

第 13 章　英語の生態：語用論　93

解 答 2

- Eats の後のコンマが不要。コンマを取ると shoots and leaves が eats の目的語となり「筍や葉を食べる」の意。
- これには正解はありませんが，皆さんはどちらの定義に同意しますか。前者は「女性：彼女なしでは男性は何もできない」に対して，後者は「女性は，連れの男性なしでは何もできない」の意。

解 答 3

　喉が渇いて飲み物を求めている（依頼）ので，"Here you are." と言って飲み物を差し出す。
　寒いので何とかしてほしいというほのめかし（暗示）を解して，"O. K. I'll turn on the heater." と言ってストーブをつける。

解 答 4

　この返答はレポートの出来とは関係がないので，「関連性の公理」を破った例になります。つまり，出来はイマイチ，がっかりなのです。直接的に言ったら学生が気落ちするといけないから，という教授の思いやりか。

第 14 章
会話の原則：前提と含意，Turn-taking など

　話しことばの一番の特徴として，キネシックスや準言語の占める割合が大きいということは第 1 章で述べました（メラビアンによれば，それぞれ 55%, 38%）。それ以外にも，音声の果たす役割に非常に興味深い点がありました。例えば，同じ文でも音調によって意味が異なったり，文法が打ち消されたりするからです。典型的な例として，次のようなものをあげました。

- I beg your pardon?：上昇調では Could you say it again? だが，下降調では I'm awfully sorry. の意味合いになる。
- I can't do it now.：fall‐rise のイントネーションによって，…maybe later という意味合いがほのめかされる。
- You are a college student?：形式的には平叙文の形をしているが，語尾を上げると疑問の意を表す。
- Put it on the table, not by the table.：書きことばの強調構文の働きを，文強勢で表す。

　このような音調面での特徴に加えて，話しことばで大切になるのは言外の意を推測することと，意味的な一貫性をとることです。「言外の意」は，前提（presupposition）と含意（entailment）に区別されます。例えば，He remembered to post the letter. という文の場合，前提として He was expected to post the letter. があります。また，含意とはその発話から論

理的に引き出せる結論のことですから，この文の含意は He did post the letter. となります。He forgot to post the letter. だったら，前提は同じですが，含意は逆になりますね。

> **問題1** 次の文には，前提または含意のどちらが含まれていますか。
> (1) Peter stopped reading the book.
> (2) I tried to solve the problem.
> (3) Don't you like English?
> (4) You were supposed to be there.
> (5) He should have studied harder.

このように，ことばでは言わないけれど，前提または含意として含まれる意味合いがあり，対話者は互いにそれを了解し合いながら，共通理解をもとに会話が進んでいくのです。

会話では，対話者が2人以上いて，そのキャッチボール式のやり取りで会話が進んでいきます。2つ以上の文がつながって1つのまとまりを構成するものを「談話」(discourse)と呼び，談話のつながりを探求するのが「談話分析」です。談話のつながり方には，cohesion（文法的な結束性）と coherence（意味的な一貫性）があります。有名なウィドソーンの，夫婦の会話の例を見てみましょう（Widdowson 1978: 29)。場面は，居間の電話がジリジリと鳴っているところです。

> A : *That's the telephone.*
> B : *I'm in the bath.*
> A : *O. K.*

この会話には文法的な結束性はありませんが，それでも会話として意味的な一貫性を持ってちゃんと機能しているので，十分わかります。

第14章 会話の原則：前提と含意，Turn-taking など　97

> **問 題 2**　上の会話でどのような文法的な結束性が隠されて意味の一
> 貫性が保たれているのか，欠けているものを修復してみま
> しょう。
> A：*That's the telephone.* （　　　　　　　）
> B：（　　　　　　　）*I'm in the bath.*
> A：*O. K.* （　　　　　　）

　このように実際の会話では，文法的な結束性がなくても意味的に一貫し
ていれば，言わなくてもわかる部分は省略され，お互いに了解されて進ん
でいくのです。それらの要素をいちいち口に出して言うと，しつこく聞こ
えたりまだるっこしい会話になってしまうので，かえって嫌われてしまい
ます。

　対話は一般的に2つの発話が対になっており，「隣接ペア」と呼ばれま
す。隣接ペアは類型的な行為が対になったもので，発話のもつ社会的な機
能がうまく対応しています。例えば，次のような隣接ペアがあげられます
(Richards 1980: 421)。

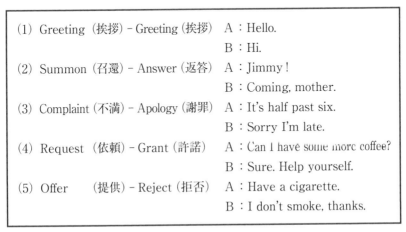

表8：隣接ペア

　この点において日英語間で全く違うのが，褒めことばに対する反応で

す。"That's a nice shirt."と褒められると，英語では"Thank you."と軽く受け入れるのが一般的な反応であるのに対して，日本語では「いやいや，とんでもありません。安物です。」とか言って，謙遜して否定します。それが日本文化では謙譲の美徳と考えられ，英語的な反応をしたらかえって傲慢と受け取られるでしょう。(このことは最近の若者には必ずしも当たらず，世代間ギャップがあるようですが。)この文化による対応の違いを隣接ペアとして図式化すれば，英語では Compliment‐Accept となり，日本語では Compliment‐Denial となります。

　会話では参加者が交代交代に話しますが，その turn-taking（順番取り）の仕方には「順番を守る，譲る，指名する，割り込む」というような異なったパターンがあり，そのやり方にも文化的な差があります。日本人は，割り込んで質問したり，意見を述べたりせず，順番を待つとか相手が話し終わるのを待つ傾向があります。

問題3　次の日本人とアメリカ人の会話は，日本人の談話の特徴がよく出ています。どのような特徴か，具体的にコメントしなさい。

Mr. Suzuki：*Excuse me. Can I talk to you?*
John　　：*Oh, please.*
Mr. Suzuki：*Are you an American?*
John　　：*Yes. I am from Oregon. Do you know something about Oregon State?*
Mr. Suzuki：*Yes. By the way, how long have you been in Japan?*
John　　：*Well, I am just a tourist. I've been here in Tokyo for only three days. Do you live in Tokyo?*
Mr. Suzuki：*Yes. How do you think about Japan?*
John　　：*You mean ... What do I think about Japan?*
Mr. Suzuki：*Mmm ...... Yes.*
John　　：*Well, I have been here for only three days as I told you. But I think Japanese people are very polite and kind. Very fantastic people. You speak English very well.*

第14章　会話の原則：前提と含意，Turn-taking など　99

> *How did you learn it? At school?*
> Mr. Suzuki : *Yes. By the way, when will you go back to your country?*
>
> （松崎 1980: 86-87）

　Mr. Suzuki は積極的に質問はしているのですが，"By the way, ～"という形ですぐに話題を変え，そのため内容が深まりません。それは英語力の限界のためでしょうか。それよりも，問題なのは会話の方略です。Mr. Suzuki は一方的に質問するだけで，インタラクティブなキャッチボールになっていません。このような対話で求められるのは，内容の一貫性，発展性です。ところが，Mr. Suzuki は "Yes." と言っていながら，それについて深めることなく，すぐに話題を変えてしまっています。相手の出身地がわかったら，"I have never been there. Is it on the West Coast?" と尋ねたり，相手の趣味が music だとわかったら，"Me, too. What kind of music do you like best?" のように尋ねて，同じ話題でさらに発展させ内容を深めていくことが会話を続けていく上で肝心です。そして，質問される側に立ったら，Yes/No だけで答えるのではなく，関連する情報を提供したり，意見を述べたりすることによって話題をふくらませていくことが会話の方略として求められます。

　上記との関連で，イギリスの大学において，Professor の質問に3人の学生が答えたものがあります（平賀 2005）。

> **問題4**　3人の学生の返答を比較しなさい。どのような違いがありますか。
>
> Professor : *Are you familiar with the work of X?*
> Student A : *Yes, I am familiar with the work of X.*
> Student B : *Yes, I am familiar with the work of X. She is one of my favorites. I have many books about her works.*
> Student C : *I saw her exhibition last week at Y gallery. Although she is not my favorite, I know she has influenced my work, particularly in respect of Z.*

日本人学生 A は教授の質問に文字通り答えているだけで，まったく面白味がありません。B は質問への答えに加えてある程度説明をし，情報を提供しているので少しはましです。それに比べて，イギリス人学生 C の場合は，2 人の日本人の学生に比べてはるかに深い分析的な評価を行い，自分の意見として提示しています。つまり，そこには内容の発展性と深まりがあり，知的レベルにおいて必要で十分な条件を備えていると言えます。この日本人学生とイギリス人学生の違いは，英語力の問題もあるでしょうが，それに加えて教育文化の違いがあるように思われます。つまり，イギリスでは小さい頃から自分の考え・意見をことばで発表することが重視されるので，critical thinking（論理的思考）の習慣が育っていることに起因するのではないかと考えられます。

解答 1

(1) 前提 (He had been reading the book.)
(2) 含意 (～but I couldn't.)
(3) 前提 (I thought you liked English.)
(4) 含意 (～but you weren't.)
(5) 含意 (He did study, but not hard enough.)

解答 2

A： *That's the telephone.* (Can you answer it, please?)
B： (No, I can't answer it because) *I'm in the bath.*
A： *O. K.* (I'll answer it.)

第 15 章
異文化コミュニケーション

　第5章で，英語は世界のリンガ・フランカとして広く使われている一方，地域的な変異があることを述べました。それに加えて，忘れてならないのは，国際社会においてはコミュニケーションのやり方が一様ではなく，文化によって違う点です。異文化コミュニケーションにおける誤解は，異なる予測や期待をしていることから生じます。つまり，私たちが成長過程で身につけていくステレオタイプ（固定観念）とスクリプト（文化的行動様式）の結果と考えられます。とりわけ，グローバル化された現代社会においては，文化の違いを乗り越え，相互理解を達成することがますます重要になってきています。

　日本で異文化の問題が注目されるようになったのは1970年代です。日本企業の海外進出が盛んになり，海外でのいろいろな文化摩擦を経験し，異文化適応の問題が大きく取り上げられるようになりました。ことばの問題だけでなく，日本という島国のやり方や考え方が海外の文化とうまくいかなかったからです。そして，その原因を求めて，『タテ社会の人間関係』（中根千枝）や『甘えの構造』（土居健郎）に代表されるように，日本人論が盛んになりました。

　異文化を知る意義は，海外に関する表面的な知識の吸収だけでなく，日本では当たり前のことが当たり前でなくなり，逆に日本の文化を再認識，再評価するところにあります。いわゆる「井の中の蛙」的なぬるま湯状態から脱皮し，複眼的な視点を身につけるのです。海外に出るといろいろな違いに気づかされます。ヨーロッパの古いけれど綺麗な街並みを見ると，

日本では電柱が乱立して町の美観を損ね，コンクリートの建物にはまったく統一性がない等々，海外を知るとそれまで当たり前だった街並みですら問題があることに気づきます。それは必ずしも悪いことばかりでなく，日本の優れた点や日本人のすばらしさなど，プラスの面にも気づかされます。「海外へ行ったら安全と水はただと思うな」と言われる背景には日本の良さがあり，海外から帰国すると，人々の気づかいやおもてなしの心というような日本文化の美徳を再認識させられます。このように，異文化に触れると日本を客観的に見つめ直すことにつながるのです。
　異文化の人とのコミュニケーションは，最近ではほとんどの場合，国際共通語となっている英語で行われます。フランス人と会っても，タイからの観光客に対しても，リンガ・フランカとして英語を使います。そのため，今日の国際化された社会では英語力を高めることが必須となってきています。しかし，異文化コミュニケーションは英語のスキルの問題だけではありません。海外からのお客を案内することを想定した場合，スキル以外の要素も見逃すことができません。お寺に案内した時どう説明するのか。いろいろな仏像があり，お釈迦様から観音様等々，その名前はどう説明すればいいのか。それらの仏像の由来は…？　そのような状況に遭遇すると，いかに自分が日本のことを知らないのか，嫌になるくらい思い知らされます。また，お寿司屋さんに行った時，いろいろなネタを説明できますか。特定の魚の名前を知らなければ，"a kind of fish … another kind of fish"ではどうにもなりません。もし日本語で知らなければ，英語でわかるはずがありません。だからこそ，まずは日本語で知識・教養をつけておく必要があることに思い至るでしょう。
　それと同時に，相手の文化に関する知識も忘れてはなりません。特に，イスラム教でポークを食べないとか，インドでは牛は聖なる動物と見なされているというような文化的背景が，食べ物の選択に影響するからです。また，最近はベジタリアンの人も多いので，肉や魚は避けなければなりません。しかも，問題がややこしくなるのは，ベジタリアンの程度が人によって違う点で，中には，ダシを使ったみそ汁もダメという厳しい戒律の人もいるのです。
　このような事例から明らかになってくることは，海外のお客を案内するにも英語力だけでなく，日本文化に関する知識，教養が備わっていること

が不可欠となります。それに加えて，それを積極的に伝えようとする態度，相手を理解しようとする暖かい態度が必要です。つまり，英語のスキルに加えて，知識と教養，および態度と人格が備わっていることが求められ，結局，異文化コミュニケーションは全人的な活動となるのです。この意味で，英語の学習は子どもや若者に限らず大人にとっても，私たちの人間的成長に貢献すると考えられます。

　その中で忘れてならないのは，知識，教養と言ってもただ知っているだけでなく，実際のコミュニケーション場面で，相手と場の状況によって調節するストラテジー（方略）も欠かせません。相手のニーズに応じて，情報の量と質を調節するのです。例えば，日本のお風呂の入り方に関して，日本が初めての人に説明するのと，日本に何度も来ている外国人とでは説明の量も質も異なってきます。初めての人の場合には，例えば，"Please rinse yourself first before getting into the tub. Don't use the soap inside. When you have finished, don't let the water go." などと，日本式のお風呂の入り方について（お風呂の中では石鹸を使わないとか，上がるときに栓を抜かないとか，日本人にとっては当たり前のこと），相手文化との違いをもとに効果的に説明する必要があります。それに対して，日本文化になじんでいる外国人なら，そのような説明は冗漫になってしまいます。つまり，異文化コミュニケーションにおいて適切とされる情報は相手によって変動する相対的なものであり，その場のニーズに合うよう調節する必要があるのです。このような力が，第11章の終わりの部分で触れたCCの「方略能力」に当たります。方略能力には，特定の単語を知らない時に，やや回りくどくても何とか知っていることをもとに伝える技能，またリスニングで未知の語や知らない情報に接した時には，効果的に問い返して何とか理解に結びつけるというような能力も含まれます。それゆえ，方略能力とは，現在の自分の英語力と世界の知識を総合して，その場に合うよう実践的に運用する全人的な取り組みになります（岡2017）。

　言語文化を具体的に比較するために，ここで日本とアメリカのコミュニケーション・パターンに焦点を当ててみましょう。日米のコミュニケーション・パターンは，「高コンテキスト文化 vs. 低コンテキスト文化」という形で対比されます（Hall 1976）。高コンテキスト文化では，人々が深い

人間関係で結ばれ，情報は広くメンバー間で共有され，単純なメッセージでも深い意味を持ってきます。そこでは行動規範が伝統的に確立され，コミュニケーション形式も明確に規定されています。それに対して，低コンテキスト文化では，メンバー間で共有される前提が限られているため，個人は明確なメッセージを構築して，自らの意図を他者に押し出さねばなりません。つまり，ことばで説明し，自己主張する必要があるのです。前者は日本，後者はさまざまな文化的背景を持った人種で構成されたアメリカに当たります。

　このような違いのため，ことばで言わないとわからないアメリカ社会に対して，日本では「察し」とか「以心伝心」が働くことになります。情報は記号化されたメッセージというより，文脈の中に存在するのです。周りの状況から判断する，つまり最近の若者の流行語で言えば，「空気を読む」ことが大切になるのです。私自身の体験で，海外を旅行していて絵葉書を買い求め，送るのに切手もほしいので"Do you have stamps?"と尋ねると，"Nope!"とそっけない答えが返ってくるだけでした。日本人としては，もしここに置いてなければ，どこに行ったら手に入るのか教えてくれてもいいのに，という心理が働きます。しかし，アメリカ文化では，そのためにはわざわざ"Where can I get them?"とさらに問いたださなければなりません。黙っていたのでは，アメリカ人としてはYou didn't ask.という心理が働くからです。ことばではっきり言わないと，日本人の期待する察しや思いやりは期待できないのです。（ただし，このことは都市部の観光地での経験で，田舎には当たらないかもしれません。）

　外国語学習においては，母語と学習言語とを比較対照し，類似点と相違点を分析する「対照分析」（contrastive analysis: CA）と呼ばれる手法が有効になります。CAにより相違点が明らかになり，その相違点こそが学習上の困難点となります。なぜならば，母語の習慣が干渉するからです。ですから，それを予測し，予防することが重要と考えるのです。このCAは構造言語学以来，発音，文法，語彙というレベルで行われてきました。その中で，発音についてはすでに第5章で触れましたが，難しさにも程度の違いがあります。[θ]のように母語にない場合も難しいのですが，それ以上に，母語では1つの音なのに第二言語で区別しなければならない場合

はさらに難しさが増します。ですから，[r] と [l] は難しいのです。日本語の「ら」の癖が抜けないからです。

もう1点，異文化コミュニケーションとの関連で語彙の意味領域について触れておく必要があります。「首＝neck」という対訳式の学習だけでは，文化的な表現には対応できません。

> **問題1**　「首が回らない，首にする，首を突っ込む，首を長くして待つ，首ったけ」というような比喩的な表現は，どのように英語にしたらいいのでしょうか。

同じ「首」でも，その意味合いは全くさまざまですね。大切なのは，このようなメタファー的な表現の場合，それが何を意味するのか，日本語の表現自体の意味合いを一度考えてみることです。つまり，「文化的意訳」が必要になるのです。そのためには，日本語の知識，つまり日本人としての教養が必要になります。「首」が出たついでに，「足」を使った表現で考えてみましょう。

> **問題2**　「足を引っ張る，足が出る，足が遠のく，足を洗う，足でまどい」は英語でどう表せますか。

また，文化的意訳の1つのパターンとして，文化的に対応するものを当てるという奥の手があります。例えば，「センター試験」を "Center Exams" と直訳しただけでは，日本のことをあまり知らない人にはピンと来ません。しかし，かと言って，日本の教育制度をくどくどと説明したりすると日が暮れてしまいますから，文化的に対応するものを持ってくれば一発で決まります。アメリカ人だったら，"It's like SAT." と言えば一発でわかってもらえます。同様に，「浦島太郎」の話は "It's a Japanese version of Rip Van Winkle." となります。そのような相手の文化的背景を知っていないといけませんが。

しかしながら，そのような言語学的レベルの対照だけではグローバル・コミュニケーションにとっては十分でなく，今やさらに求められるのは，

異文化間コミュニケーションを意識した文化的レベルの CA（対照分析）です。言語共同体が違うとその文化の違いから世界のとらえ方も異なり，ことばで考えをまとめるのにも違った方法が使われ，ものごとの価値観も違ってきます。それは，言語がその言語の文化的思考様式を反映しているからです。

ここではそれを，(1) 発想，(2) 論理構成，(3) 価値観，に分けて考察してみたいと思います。

(1) 発　想

コミュニケーションは言語によるものだけではないにせよ，言語はコミュニケーションの主要な部分を占め，文化の大きな担い手となります。言語はその社会集団に共有された文化の中に深く根をおろしています。私たちはそのような文化と一体になった言語で考え，その言語を使って意思伝達をします。ですから，言語と文化は切り離すことのできない関係にあると言えます。

この言語と文化の深い結びつきに関しては，「サピア＝ウォーフの仮説」（別名「言語相対論」とも呼ばれる）で説明されます。言語は人間の思考を左右しており，我々は母語によって定められた区切り方で自然を区切っている。つまり，我々の宇宙観や世界の切り取り方，経験の様式などは，我々の用いる言語が異なれば，それに対応して異なるのです。それゆえ，言語は経験の仕方を規定する働きを持ち，我々の思考は母語によってあらかじめ定められた形式に則して展開するわけです。

よく例にあげられるのが，イヌイットの人たちの「雪」の概念です。日本語では「大雪」，「粉雪」，「万年雪」などと形容することによって区別するものの，「雪」という1つの概念でとらえますが，イヌイットでは雪にも形状により何種類もの単語があるそうです。別の単語を使うことによって，雪の概念をさらに細かく範疇化していることになります。もっと身近な例として，日本語の"rice"で説明するとわかりやすいでしょう。というのは，私たちはrice の形状によって「稲，米，ご飯」というふうに別々の単語で使い分けますが，英語ではrice の前に raw rice, cooked rice というように形容詞をつけて区別するだけで，rice というひとくくりの概念でとらえます。日本人がそのように差別化して認識するのは，rice が日本

の社会，文化において極めて重要な意味合いを持つため，そのように詳細に区別する必要があるからに他なりません。私たちの意識としては，ご飯と稲ではまったく別物ですから。

　日本社会の特質を映し出すもう1つの例として，自分の兄弟を紹介する時，「これは私の弟です」と言いますが，英語では（よほど区別する必要のない限り）"This is my brother." でしかありません。日本語に直訳して「これは私の兄弟です」では落ち着きが悪く，兄か弟かをはっきり区別したいと日本人は考えます。日本のタテ社会では，どうしても年齢の上下が気になるのです。これと同じ心理は，学生が「（部活の）先輩，後輩」と上下を区別して言うような表現にも現れています。このタテ社会と対比されるのが，アメリカの横並びの文化で，父親や大学の先生までをも first name で呼んだりします。このようにとらえ方が違うと，日本人として心理的に落ち着かないのは筆者だけではないでしょう。

　発想の違いで注意しなければならないのは，否定疑問に対する答え方です。日本人学習者は，例えば Don't you like English? と尋ねられて，No, I do./Yes, I don't. と答えたりしますが，この返答は英語では論理的に矛盾したものになります。英語では，陳述が肯定であれば Yes，否定であれば No なのですが，日本語の発想は違います。日本語では，「英語が好きではありませんか→はい，（あなたのおっしゃる通りです。つまり）好きではありません／いいえ，（あなたのおっしゃることは違います。つまり）好きです」という思考回路が働き，陳述の内容よりも相手を重んじた発想をするのです。

　このような発想の違いは，主語の選び方にも表れてきます。デパートへ行った時，日本語では「男性用の靴はどこにありますか？」と尋ねます。直訳すると "Where are men's shoes?" となりますが，英語話者なら発想が異なり，Where can I find men's shoes? と言うでしょう。いわゆる「する vs. なる言語」の違いになります（池上 1981）。「コーヒーがノートにこぼれちゃった」という表現は典型的に「なる言語」で，英語的発想では，「コーヒーが自然にこぼれるわけがない，誰かがこぼしたのだ」となります。ところが，あまり違いばかりを強調すると落とし穴があります。「僕はうなぎだ」という表現は直訳すると I am an eel. となり，発想的にあり

得ない英語だと言って笑い者にされますが，第 13 章の英語の生態で見たように，レストランでウェイターが食事を持ってきたのに対し，客が"I'm the eel." と答えるという形でなら存在するのです。

　日本文化に根ざした典型的な表現として，「つまらないものですが」がよくとりあげられます。これは日本文化の謙譲の美徳を表していて，そのままでは英語になりません。"This is nothing good, but take it." では英語文化では意味をなさないので，"This is something for you. I hope you'll like it." というように，「文化的な意訳」をする必要があります。これに似たような形で，何かをしてもらった時「あっ，どうもすみません」という感じで"I'm sorry." ばかりを連発していた日本人を見て，アメリカ人はどうして謝ってばかりいるのか不思議がりました。日本人の心理としては，自分の利益よりも相手の負担に注目するからそうなるのです。しかし，このような場面では，英語文化では謝罪ではなく，簡単なお礼の意味で"Thanks." が適当なのです。これと同じことは，「汚いところですが」とか「お口に合わないかもしれませんが」というような謙譲表現，さらには自分の身内を「愚妻，愚息」というように呼ぶような表現にも表れています。そのまま英語にはなりませんので，ご注意を。

　このようにさまざまな発想の違いがありはするものの，異文化コミュニケーションにおいて違いばかりを強調して，「日本は特別だ」と思うと危険です。人間性には共通するものがあり，表層的な言語表現では差異があっても，深層では共通するものが多いからです。その良い例として，「もったいない」という表現について考えてみましょう。2002 年ノーベル化学賞を受賞した田中耕一さんが，自分の発見は「もったいない」と思ったところから始まったと述べ，「もったいないは英語にない概念」とおっしゃっていましたが，そんなことはありません。「もったいない」をそのまま訳そうとすると，適当なことばが見つからないかもしれませんが，「もったいない」の持つ意味合いを考えて「捨てるには良すぎる」というように和文和訳をすると，"too precious to throw away" という英語に翻訳できます。異文化間ではこのように「文化的意訳」をすることが求められます。日本語表現の持つ本当の意味合いを英語の発想に合うように和文和訳して，それから英語に訳す，これが文化的意訳の秘訣です。それを，ぶっきらぼうに "It's too Japanese." と言って切り捨ててしまうような態度で

は，異文化理解は程遠いものになってしまいます。

(2) 論理構成

　発想が違うことに加えて，異文化コミュニケーションの問題が複雑になるのは，その背後に文化があり，価値観が違ったり，論理構成が異なってくるからです。

　まず，論理構成に関して，わかりやすい例として電話での会話を考えてみましょう。東京で下宿している学生が，月末近くなってお金が底をついてきたので，母親に電話をしているシーンです。「もしもし，元気？　うん，僕は元気。…(中略)…ところで，お母さん，またちょっとお金がなくなってきたんだけど。」このような調子で，言いにくい本論は後回しになります。「ところで」を直訳すると "By the way, ～" となりますが，この英語表現は付随的な内容を付け足す場合の表現なので，英語では論理的にピタッと決まりません。英語だったら，"Hello, Mom. The reason I'm calling today is to ask you to send money ～" と始めに趣旨を述べ，そのあと because ～ とかでなぜお金が必要なのかを説明するでしょう。ですから，「ところで＝by the way」という対訳は文化的には適合しないのです。このような論理構成の問題は，後に述べるスピーチの構成と同じように，第11章の最後で触れた CC（伝達能力）の中の「談話能力」に関わってきます。

　日米コミュニケーション・パターンの違いについては，わかりやすいカプランの図で説明しましょう（Kaplan 1966）。日米の違いは，直線的な英語の論理に対して，日本語ではぐるぐると渦巻型で表されます。このように論理の構成の仕方が日米間で大きく異なるため，異文化コミュニケーションでさまざまな問題が生じてくるのです。

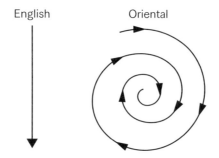

図 10：英語と日本語の論理構造（Kaplan 1966: 12）

　図 10 が示すように，英語がストレートであるのに対して，日本語的思考はぐるぐる回って徐々に結論に向かいます。典型的な英語でのスピーチが，"I like X for three reasons. First, 〜"というような形で結論を先に提示し，それからその理由を述べるのに対して，日本語では周りの状況説明から入り，結論は最後にならないと出てきません。そのため，アメリカ的にストレートに言うと日本文化では角が立ち，他方，英語話者の心理から見ると，日本式の論述では一体何が言いたいのかはっきりせず，イライラがつのります。しかしながら，日本文化の中で育つと，無意識のうちにそのようなコミュニケーション・パターンが身につくのは避けることができません。そのため，TOEIC で高得点をとる日本人ビジネス・パーソンでさえも，仕事の交渉になると困難を感じるのです。ビジネス交渉では，相手とのやりとりにおいてキャッチボール的に受け取り，投げ返し，そのやり取りの中で自分の論点をきちんと主張し，相手に納得してもらい，最終的には互いの合意点を見つけねばなりません。ところが，日本人はどうしても聞き役に回り，受け身になってしまい，議論になった時に相手の言うことに反論し自分の論を進めることができないのです（小池・寺内 2010）。そのため，国際舞台では言語の切り替えだけでなく，論理構造というような「文化文法」の切り替えも求められることになるのです。
　次の会話は，文部省の教員海外視察団に同行する通訳を選考する面接の一場面です（Sakamoto & Sakamoto 2004: 46-47）。特に面白いのは，括弧内に示されたアメリカ人の面接官と日本人教員の思考パターンの違いです。コミュニケーション・ギャップは，このようにして起こるのです。

> Q : *What is the major discipline problem in your school?*
> A : *Our school is about fifty years old …*
> Q : (What is he talking about? I didn't ask how old his school was. He didn't understand the question. I'll repeat it.) *What is the major discipline problem in your school?*
> A : (Why did she interrupt me? Why can't she wait for me to finish answering the question? I'll start over.) *Our school is about fifty years old …*
>
> ＊discipline 規律

　一方で「規律の問題を尋ねているのに，学校の歴史を話題にするとは…？」という心理に対して，他方「古い学校なので規律の問題はない，と言おうとしているのになぜ邪魔するのか…？」という心理とのギャップがありますね。このような形で，異文化コミュニケーションのずれが起こるのです。それは，とりもなおさず，それぞれが自分の文化の価値判断，思考形式に縛られているためだからに他なりません。このような壁を乗り越えるためには，互いに相手の文化を尊重し，寛容な態度で相手を理解するよう努める必要があります。今日のようにグローバル化された社会では，異文化の違いを乗り越えて相互理解を達成することが目標となるのですから。

　この論理構造の問題は，会社の人間関係においてしばしば見かけられます。外資系の会社で日本人の上司がアメリカ人女子社員に "I don't think so." とか "Why?" と言われた時，日本人上司は気分を害し，穏やかな気持ちでいることはできません。彼女にとっては文化的に自然であっても，彼にとっては不遜に映るからです。しかし，英語文化がすべてストレートな発言を好むと考えるのは単純化しすぎです。"Would you like to come?" に対して，"No, I can't. I'm busy." では文法的に正しくても，あまりに無愛想で，次からは声をかけてくれなくなります。英語においても，やはり丁寧さの原理というものはあり，"I'd like to, but ～" というように和らげます。また，You shouldn't go there tomorrow. ではあまりにつっけんど

んな押し付けに聞こえますので，それを和らげて "It may be better not to go 〜" というふうに言えばそんなに角が立たないでしょう。また，前述のユース・ホステルに泊まった日本人学生の例でも，昨晩寒かったので毛布をもう1枚借りたい時，受付に行ってぶしつけに "I want a blanket." と言ったのでは，受付の人が気を悪くしてしまいます。いくら英語でもストレートに言えばいいというものではなく，やはり丁寧さを配慮して，"Would you mind 〜?" というような表現を用いるとか，さらに，"I felt really cold last night. So 〜" というような前置きをつけることによって表現を和らげると，スムーズに物事は進むものです。

上述の Sakamoto & Sakamoto (2004) は，日・米の会話の論理構造をテニスとボーリングに例えていて非常に面白いので，(ちょっと長いですが) ここで紹介したいと思います。

> A western-style conversation between two people is like a game of tennis. If I introduce a topic, a conversational ball, I expect you to hit it back. If you agree with me, I don't expect you simply to agree and do nothing more. I expect you to add something—a reason for agreeing, another example or an elaboration to carry the idea further. But I don't expect you always to agree. I am just as happy if you question me, or challenge me or completely disagree with me. Whether you agree or disagree, your response will return the ball to me.
>
> And then it is my turn again. I don't serve a new ball from my original starting line. I hit your ball back again from where it has bounced, I carry your idea further, or answer your questions or objections, or challenge or question you. . . .
>
> (中略)
>
> A Japanese-style conversation, however, is not at all like tennis or volleyball. It's like bowling. You wait for your turn. And you always know your place in line. It depends on such things as whether you are older or younger, a close friend or a relative strange to the pre-

vious speaker, in a senior or junior position, and so on.

　When your turn comes, you step up to the starting line with your bowling ball, and carefully bowl it. Everyone else stands back and watches politely, murmuring encouragement. Everyone waits until the ball has reached the end of the alley, and watches to see if it knocks down all the pins, or only some of them, or none of them. There is a pause, while everyone registers your score.

　Then, after everyone is sure that you have completely finished your turn, the next person in line steps up to the same starting line with a different ball. ...

　　＊elaboration to carry the idea further 話題をさらに発展させる工夫，
　　murmur encouragement 小声で励ましを言う，register 記録する

本当によく特徴をとらえていますね。

(3) 価値観
　日本では70年代に「モーレツ社員」というようなことばが流行し，猛烈に働くことが美徳とされました。最近の電通やNHKの問題にも表れているように，日本の会社文化はその流れを引いて，有給休暇の消化率が西洋に比べると極めて低いのが現状です。それを反映してworkaholicというような造語が生まれ，日本ではto work overtime（残業）が当たり前のようになっています。「週休2日」を英語で5-day-work-weekと言いますが，この日・英表現を比べてみると，労働に対する価値観の違いがわかります。つまり，「1週間に2日も休む」に対して，「1週間に5日も仕事をする」という全く正反対の発想が潜んでいるからです。背後にある労働倫理観として「休むことは罪」と考える日本人に対して，欧米人は「労働は罰」というふうにとらえるのです。

> **問題3**　A rolling stone gathers no moss.（転石苔を生ぜず）ということわざがありますが，これは石が転がることを良いことだと言っているのでしょうか，それとも悪いことだと言っているのでしょうか。

価値観の違いを表す典型的な現象が，いわゆる「silence（沈黙）」にあります。「沈黙は金なり」と言われ，英語でも同じ表現が存在しますが，silence は本当に golden なのでしょうか。沈黙の持つ意味が日・英の文化で大きく異なります。日本では，一般に，黙っている人を奥ゆかしいととらえるのに対して，アメリカでは意見のないつまらない人とみなします。アメリカ人は 10 秒以上の沈黙で心理的に不安になると言います。教室でほとんど発言しなかった日本人学生の印象について，日本人学生側は 6 割が好意的に評価したのに対して，アメリカ人学生は 9 割が否定的に評価したのです。

Silence と言っても，落語においては「間（ま）」が重要な意味合いを持ってきます。ところが，アメリカ公演では「間延びするというふうに受け取られた」とある落語家は嘆いていました。この「沈黙」と 'silence' の持つ文化的意味合いの違いと関連して，turn-taking にも興味深い違いが見られます。

図 11：順番の取り方（西田 2000: 97）

この図が示すように，日本的なコミュニケーションでは発言と発言の間には間が空くのが一般的です。それに対して，アメリカ式のコミュニケーション・パターンでは交互に絶え間なく進んでいきます。第 3 の型としてブラジルの例では，相手が話し終わらないうちから同時に話すのです。その結果，日本人的な態度では自分が話す機会がなかなか得られず，相手からは退屈な人と思われてしまうことになります。

CA の手法を用いて文化的思考様式の違いを，発想，論理構造，価値観

の3つに分けて論じてきましたが，まだそれ以外にも大切なものが抜けているようです。

異文化コミュニケーションにおいて絶対に見逃せないのが，その文化自体を含んだ言語表現です。これは CA では表に出てきません。例えば，日本語では「黒子」が良い例です。「黒子の役割をよく心得ていて〜」というような文に接した時，この日本語を知らないとどうしようもありません。そのためには，この語源となる文化（歌舞伎）を知っていることが日本人の教養なのです。つまり，これは歌舞伎の舞台で役者の服を着替えさせる役目をする黒い衣服を着た後見人のことですが，その現代的な意味合いは invisible であったり，the person who pulls the strings（裏で人を操る人，黒幕）になります。

アメリカについて言えば，"How do you like your egg?" と尋ねられて，一体何のことを問われているのかピンとこないのは，文化的スキーマがないからです。「スキーマ」とは，それまでの経験をもとに築かれた体系的な知識構造で，文化的行動ルールを指します。つまり，次に何が起こるか，何が期待されているのかという問いです。ここでは fried とか boiled が期待されており，さらに fried であれば，sunny-side up か scrambled，boiled だったら hard か soft とかになっていきます。文化的スキーマの問題は，私自身初めてアメリカに行った時に経験しました。まだその当時日本には「ファースト・フード」の店がなかったので，それが fast food なのか first food なのかさえも知りませんでした。店に入った途端に"××××"と尋ねられたのですがファースト・フード店に関する文化的スキーマがなかったので，何のことか全く聞き取れませんでした。何回か聞き返して，やっとの思いで食べ物にありつけました。"For here or to go?" なんて，今や中学・高校のどの教科書にもあり，誰でも知っている表現になりました。

イギリスでは，B. Potter の「ピーターラビットのおはなし」（The Tale of Peter Rabbit）は広く親しまれています。次の2つのお話について，問題です。

図12：*The Tale of Peter Rabbit*（日本郵便株式会社）

> **問題4**
> (1) うさぎのピーターがマクレガーさんの畑に入って野菜を食べ過ぎ，追われて命からがら逃げ帰って具合が悪くなった時，なぜお母さんが「カモミールのハーブティー」をくれたのでしょうか。
> (2) 「アヒルのジマイマ（Jemima）のおはなし」では，キツネの紳士が「セージ，タイム…タマネギとパセリ」をとってくるように命じましたが，それからどのような魂胆がわかりますか。

　これらはただ文字づらだけでは本当に理解したことにはなりません。背景にある文化的な知識がなければどうにもなりません。だからこそ，英語学習では，その一環として英語文化を広く，深く理解すべく文学や歴史などへの造詣を深めることが大切になってくるのです。

　最後に，文化のしがらみからどうしても抜け出すことが難しい事例を紹介します。それは文化による連想の違いによるものです。「花の雲，鐘は上野か浅草か」（芭蕉）の句がありますが，これを英語に訳すと次のようになります（大谷2007: 218）。

The clouds of flowers
Where is the <u>bell</u> from
Ueno or Asakusa?

　この英文のうち，flowers と bell で連想するのはどのような花，どのよ

うな鐘でしょうか。日本人の場合，一面に咲いた桜の花（を雲に例えた）であるのに対して，イギリス人はバラかダリア，またお寺の鐘に対して，教会の鐘というわけです。その結果，イギリス人はこの俳句を聞いて，祭壇が花でおおわれた教会の葬儀の場面を思い浮かべるのです。このような文化的な違いは，どうしても避け難いものになってくるようですね。

解答 1

「首が回らない」to be eaten up with debt，「首にする」to fire ～，「首をつっこむ」to pry into ～，「首を長くして待つ」to look forward eagerly for ～，「首ったけ」to be madly in love with ～

解答 2

文脈によりけりですが，一応「足を引っ張る」hold back，「足が出る」exceed the budget，「足が遠のく」(My visits to ～) have become sporadic，「足を洗う」get/pull out of ～，「足でまとい」a burden と表すことができます。

解答 3

もともと「職業を変えてばかりいる者は金はできない」というネガティブな意味合いであったのが，最近はアメリカ文化的な価値観から「常に活動している人は沈滞しない」という良い意味で用いられるようになりました。日本でも以前は，履歴書で仕事を転々と変わってばかりいる人は「腰の落ち着かない人」と思われ，マイナス・イメージで見られてきましたが，最近は少しずつその評価が変わってきているようです。

解答4
(1) カモミールのハーブティーには鎮痛作用があるからなのです。
(2) ジマイマは危うく丸焼きにされるところなのでした。セージ, タイム, タマネギ, パセリはアヒルの丸焼きに使う食材なのです。

第 16 章
異文化理解：Culture shock

　異文化コミュニケーションが目指すところは，とりもなおさず言語や文化の違いを乗り越えて，異文化間の相互理解を達成することにあります。ところが，異文化に接するとこれまで慣れ親しんだものと違うため，その移行がスムーズにいかず，不適応が起こり，心理的な動揺をきたします。これが「カルチャー・ショック」(culture shock) と呼ばれるものになります。カルチャー・ショックは「異なった文化に接した時に，準備のない訪問者に対して与えられる影響」と定義されますが，それは時とともに変化し，徐々に新しい環境に慣れていきます。この異文化適応は acculturation（文化変容）と呼ばれます。「文化変容仮説」によれば，文化的に変容する度合いに対応して第二言語の習得も進んでいくとされています (Schumann 1978)。このことは海外に行った時ばかりでなく，日本国内でも起こります。地方から東京の大学に入った大学生を考えてみてください。東京での生活に慣れるに従って，徐々に地方訛りのことばから東京ことばに変わりますが，そのスピードには個人差があります。そのスピードに影響を与えるのは何でしょうか。文化変容仮説では，社会的要因と心理的要因によって説明しています。積極的に相手の社会に入っていくことにより社会的距離を縮め，早く同化しようとする前向きな態度により心理的距離を縮めると，第二言語習得にプラスに働くというわけです。

　私が 1967 年に初めてイギリスに行った時カルチャー・ショックを強く感じた背景には，まだ日本とイギリスには文明的に大きな開きがあったからです。当時は 1 ポンド＝1000 円の時代で（今や 1 ポンド＝150 円前後），若い人たちは知らないでしょうが，日本の旧式なトイレや風呂で子ども時

代を過ごした私など，初めての洋式のトイレや風呂に接し，大きな文化的落差を感じました。ロンドン大学の学生寮での最初の朝食は，まだ見たこともないような食べ物で（後になってわかったのですが，いわゆるコーン・フレーク），テーブルの上にはそれと一緒に大きなピッチャーに入ったミルクとボールに入った砂糖が置かれていたのですが，一体何のためなのかわかりませんでした。ゆっくりと周りを見ながら真似をして，何とかその場をしのぎました。このような体験から言えることは，カルチャー・ショックの原因になるのは，やはり食べ物が大きいということです。毎日3回食べるわけですから，それが口に合わないと毎日の生活が苦痛になりますよね。（梅干しが味噌汁の中を泳いでいる夢を見た人がいたくらいですから。）それと，何と言ってもことばの問題です。言いたいことの半分くらいしか表現できないと，残りがヘドロのようにフラストレーションとなってたまってきて，精神的に鬱になったり不安定になってきます。オリンピック選手が海外に行ってなかなか実力を出しきれないのも，その背景にことばができない，食べ物が口に合わないというような理由があるのではないでしょうか。

　海外でのカルチャー・ショックの原因には食べ物とことばの他にもいろいろあり，社会的要因と個人的要因に分けられます。社会的な要因として，①物質的な衣食住の問題，②人間関係，③精神的，認知的なものがあり，また個人的な要因としては，①年齢，性格，②渡航目的，期間，態度，があります。特に，父親の仕事で海外赴任した家族の場合，どのような態度でそれをとらえるかで大きく変わってきます。一般にアメリカだと子どもを現地校に通わせますが，アジア諸国だと多くの日本人は現地校ではなくインターナショナル・スクールを選択します。そこには，明らかに親の思惑があります。親の現地文化への適応にも差があり，前者ではアメリカ文化をできるだけ吸収しようとするのに対して，後者ではどうせ3年したら帰るのだからという腰掛け的な考えから，特段の努力はせずに日本を向いて生活する人が多いような気がします。

　不適応タイプには，内向的，消極的，依存的，柔軟性に欠け，独善的というような特徴が見られます。最近は高校生や大学生がホームステイとか短期留学で海外へ行くことが珍しくありませんが，そのようなチャンスを最大限に生かすにはどうすればいいのでしょうか。もちろん英語力は大切

ですが，向こうでの生活をエンジョイし，最大限吸収するには，それ以上に「態度」が重要になります。海外に行っても，教室で先生にさされるのを待っているとか，家でお母さんにすべてをやってもらうような受身的，依存的な態度では最悪です。積極的に話しかけ，進んでお手伝いし，明るく振る舞うように努めたいものです。大事なのは，知的好奇心を持ち，何事にも興味を示し，わからないことは積極的に尋ねること，と同時に自分の意見も述べ，何か提供できる知識や情報を持っていて，インタラクティブに協同して会話を発展させていくことができれば最高です。

　カルチャー・ショックには個人差はあるものの，大体同じような段階を経て時間と共に変わっていきます。一般に，Uカーブを描きます（Oberg 1960）。

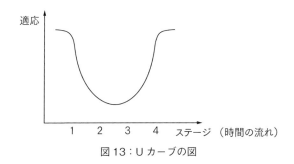

図13：Uカーブの図

　まず始めの頃は，すべてが素晴らしく見える「ハネムーン期」，それが落ち着くと今度はホームシックが襲い，海外での全てに対してなぜそうなのか懐疑的になる「不安定期」を迎えます。それを通り過ぎると，回復期を経て一応慣れて落ち着きを取り戻し，安定した「適応期」に至ります。そして，滞在が終わりに近づくと，去る寂しさと帰国への期待の入り交じった感情になるのが一般的です。異文化に適応するのにどれくらいかかるのかは個人差がありますが，大体1年前後，人によっては半年であったり，または2年であったりします。

　カルチャー・ショックとの関連で，今度は帰国した時の問題も考えておかなければなりません。つまり，日本社会への再適応の問題で，reverse culture shock（逆カルチャー・ショック）に悩むことがあるからです。

特に、帰国子女の教育が大きな社会問題となった時期がありました。始めのうちは同化を目的とした日本への適応教育が主流でしたが、70年代後半に入ると、今度はその特性を伸ばす教育に変わってきました。帰国子女で特に注意しなければならないのは、小さい子どもの時期だけを過ごした場合、会話面ではネイティブのように響いても、大学で専門書を読むのとは全く違うという点です。すべての帰国子女が直面するのは、日本語、特に漢字の問題です。また、ことばの問題の他にも、日本の社会・文化の面で再適応に困難を感ずる場合もあるようです。特に日本の会社文化は女性や帰国子女にとって厳しいようで、どうしても日本社会、会社文化になじめず、アメリカに戻って行ったという日本人女性を何人か知っています。

　子どもの異文化体験は、大人以上にその影響に大きいものがあります（箕浦 1984）。子どもが海外へ行った場合、英語の習得は、だいたい AOA ×LOR（渡航年齢×滞在年数）で説明できますが、文化についてはそうはいきません。ことばの面では、8歳以下で渡米すると1～2年で英語が上達し日本語は次第に忘れますが、9歳以上の場合、日本語を保ちながら英語の力もついてきます。アメリカ滞在が3～4年を過ぎると、ことばのハンディを乗り越えてアメリカ文化に同化していきます。アメリカ文化への同化の深度を調べてみると、渡米時の年齢が9歳未満だと認知、行動、心情レベル全てにおいてアメリカ化しますが、9歳以上だと心情的にはどうしても日本的なものが残ってしまいます。つまり、アメリカ的に振る舞うことができる（行動レベル）のですが、気持ちの上ではそれが自然だとは思えない（心情レベル）のです。

　さらに、この子どもたちが帰国後に経験する再適応の問題については、9歳以前で滞在が3年未満の子どもは、環境の変化に慣れてしまえば比較的スムーズに日本社会に適応します。しかし、滞米生活が4, 5年以上で11歳をこえて帰国した子どもは違和感を持ち、9～15歳を異文化で暮らした子どもは帰国時の不適応感が強く、アイデンティティーに悩むという結果が出ています。このような結果から、9歳頃に「文化的な帰属感」が形成されると考えられ、「9歳の壁」と呼ばれます。特に、臨界期以降、15～16歳以降に渡米した場合は、頭では日米の違いがわかっていても（つまり認知レベルでは二文化的であっても）、基本的には日本の文化文法に縛られているため自然には振舞うことができず、行動と情動レベルでは一

文化に留まるというわけです。

　この問題を大人の場合に当てはめてみると，「アメリカ人がそのように振る舞うのは知っている（認知レベル）」に留まってしまい，どうもそのように行動するのは気恥ずかしかったり，猿真似に見えたり，気持ちの上でしっくこないようです。これは，小さい頃からの自分の文化の行動様式が深く身体に染みついているためで，やむを得ないかもしれません。異文化を学ぶ目的は別に外国人になるわけではなく，文化間の相違を知ることによって自己を客観的にとらえ，相手を理解することです。異文化コミュニケーションにおいて，相手を理解することで柔軟で寛容な態度が育まれていくことを目指すのです。

　私たちが日本で外国語としての英語学習を通じて目指すのは，あくまでも母語である日本語を基盤にして，リンガ・フランカとして英語を使うことのできる国際感覚を備えた日本人になることです。つまり，「複言語主義」の理念に基づき，日本人としてしっかりとした母語と文化，教養を備え，必要に応じて外国語で機能できる国際人になることなのです（岡2012）。国際舞台でうまく機能できるようになるためには，必要に応じて言語と同時に文化も切り替える必要が出てきますから，bilingual に加えて bicultural 的素養も求められることになります。今まで述べたような文化間の違いを知っておくことは，相手を理解することになるだけでなく，自分自身を客観的に自覚することにつながります。それにより，異文化間コミュニケーション能力の柔軟性と寛容性を持って，状況に応じて適時コントロールすることが可能となるでしょう。

　さて最後に，これまでの議論をまとめると日本の英語教育で求められる外国語能力は，M・バイラムの提唱する「異文化間伝達能力」（intercultural communicative competence）に重なってきます（Byram 1997）。そして，それが対人間でうまく機能する姿が，plurilingualism の理念になるのです。つまり，異文化に接した時に，必要に応じて言語の切り替えができ，その場のニーズに応じて情報を調節し，相互理解を達成できるような外国語運用能力です。この考え方は，日本の英語教育の将来にとって有益な指針を与えてくれるものとなるでしょう。つまり，日本の英語教育の目標として求められるのは，狭い意味での言語能力だけに限定されるのではな

く，またネイティブ神話にもとづいた理想的バイリンガルでもありません。しっかりとした母語能力と教養に支えられ，国際人として必要に応じて英語を運用できる日本人，言い換えれば「plurilingual な日本人」の育成を目指すことに他なりません。

参考文献

池上嘉彦（1981）『「する」と「なる」の言語学』大修館書店.
今井邦彦（1982）「言語理論を考える（19）」『英語教育』大修館書店, 31, 10, 72-74.
大谷泰照（2007）『日本人にとって英語とは何か―異文化理解のあり方を問う』大修館書店.
岡秀夫（2017）「英語教育研究：残された課題」『JACET 関東支部紀要』4, 4-21.
岡秀夫（2012）「Plurilingualism を考える―コード・スイッチングの視点から」東京大学ポール・ロシター教授退官記念出版委員会（編著）『West to East, East to West』（pp. 2-24）成美堂.
岡秀夫（2002）「バイリンガリズムと言語教育」上田博人（編）『日本語学と言語教育』（シリーズ言語科学 5）（pp. 95-120）東京大学出版会.
クロス・マーケティング（株）（2013）「グローバル化と英語に関する実態調査」.
小池生夫（監修）・寺内一（編著）（2010）『企業が求める英語力』朝日出版社.
田中武夫（2010）「よい『発問』・わるい『発問』：授業を変える発問とは」『英語教育』大修館書店, 59, 1, 10-13.
富田彬（訳）（1994）『高慢と偏見』岩波文庫.
西田ひろ子（編）（2000）『異文化コミュニケーション入門』創元社.
西森マリー（2003）『警告！　絶対にマネしてはいけない「ブッシュ君」英語集』マガジンハウス.
ネウストプニー, J. V.（1979）「言語行動のモデル」南不二雄（編）『言語と行動』（講座言語第 3 巻）（pp. 33-66）大修館書店.
平賀正子（共編）（2005）『異文化とコミュニケーション』（講座社会言語科学第 1 巻）ひつじ書房.
松崎博（1980）『英語力がつく―今までの方法でモノにならなかった人へ』経済界.
箕浦康子（2003）『子供の異文化体験』新思索社.
吉島茂・大橋理枝他（訳編）（2004）『外国語の学習，教授，評価のためのヨーロッパ共通参照枠』朝日出版社.

Austin, J. L. (1962). *How to do things with words*. The Clarendon Press.
Bernstein, B. (1964). Elaborated and restricted code: Their social origins and some consequences. In J. J. Gumperz and D. Hymes (eds.), *The Ethnography of communication* (pp. 55-69). Special issue of *American Anthropologist*, 66, 6, 2.
Byram, M. (1997). Teaching and assessing intercultural communicative competence. Clevedon, England: Multilingual Matters.
Canale, M. (1983). From communicative competence to communicative language pedagogy. In J. C. Richards, & R. W. Schmidt (eds.), *Language and communication*

(pp. 2-27). London, England: Longman.

Crystal, D. (2010). *The Cambridge encyclopedia of language*. Cambridge: Cambridge University Press.

Grice, H. P. (1975). Logic and conversation. In P. Cole and J. L. Morgan (eds.), *Syntax and semantics 3: Speech acts* (pp. 41-58). Cambridge, MA: Academic Press.

Hall, E. T. (1976). *Beyond culture*. New York: Doubleday & Co.

Holmes, J. (1992). *An introduction to sociolinguistics*. New York: Longman.

Kachru, B. B. (1985). Standards, codification and sociolinguistic realism: The English language in the outer circle. In R. Quirk and H. G. Widdowson (eds.), *English in the world: Teaching and learning the language and literatures* (pp. 11-30). Cambridge: Cambridge University Press.

Kaplan, B. R. (1966). Cultural thought patterns in inter-cultural education. *Language Learning*, 16, 1-20.

Krashen, S. (1982). *Principles and practice in second language acquisition*. Oxford: Pergamon.

Labov, W. (1972). *Sociolinguistic patterns*. PA: University of Pennsylvania Press.

Lakoff, R. (1975). *Language and women's place*. New York: Harper & Row.

Leech, G. (1983). *Principles of pragmatics*. London: Longman.

Lenneberg, E. H. (1967). *Biological foundations of language*. New York: John Wiley & Sons, Inc.

Littlewood, W. T. (1981). Situational variation in English. *ELT J* 35, 2, 97-100.

Mehrabian, A. (1968). Communication without words. *Psychology Today* 2, 52-55.

Oberg, K. (1960). Cultural shock: Adjustment to a new cultural environment. *Practical Anthropology* 7, 177-182.

Oka, H. (1989). Bringing up children bilingually in Japan. 『英語英文学論叢』39, 九州大学英語英文学研究会, 13-132.

Richards, J. C. (1980). Converstaion. *TESOL Q* 14, 4, 413-432.

Ross, S. C. (1956). U and Non-U — An essay in sociological linguistics. In N. Mitford (ed.) *Noblesse oblige: An enquiry into the identifiable characteristics of the English aristocracy* (pp. 11-20). London: Hamish Hamilton.

Sakamoto, N. & Sakamoto, S. (2004). *Polite fictions in collision: Why Japanese and Americans seem rude to each other*. Kinseido.

Schmidt, R. (1983). Interaction, acculturation, and the acquisition of communicative competence: A case study of an adult. In N. Wolfson and E. Judd (eds.) *Sociolinguistics and language acquisition* (pp. 137-174). Rowley, MA: Newbury House.

Schumann, J. H. (1976). Second language acquisition: The pidginization hyposthesis. *Language Learning* 26, 2, 391-408.

Takano, Y. & Noda, A. (1995). Interlanguage dissimilarity enhances the decline of thinking ability during foreign language processing. *Language Learning* 45, 635-

681.
Tannen, D. (1990). *You just don't understand: Women and men in conversation.* New York: William Morrow.
Trudgill, P. (1974). *Sociolinguistics: An introduction.* London: Penguin Books.
Widdowson, H. G. (1978). *Teaching language as communication.* Oxford: Oxford University Press.

あとがき

　英語教育では，伝統的に「実用か，教養か？」という二元論が繰り広げられてきました。この本を読んでいただくと，この2つは相反するものではなく，融合すべきものであることがわかっていただけたのではないかと思います。つまり，しっかりした内容（教養）を英語の技能を通して運用する（実用）ところに，その目標があります。日本人としてグローバル化された世界に対応するためには「plurilingual な日本人」，つまり，しっかりした日本語力と教養をもとに，必要に応じて使える英語力を備えておくことが求められます。それが，本書の最後で強調した点になります。

　1つだけ忘れてならないのは，国際コミュニケーションに英語力はもちろん大切ですが，それと同時に，人間的な素養が求められます。バランスのとれた暖かい人間性，つまり，全人的に成長していることです。私は以前，毎年4月になると『東京大学新聞』で新入生に贈ることばを求められた時，いつも「海外を経験して，人間的に成長してください」というようなことを書きました。つまり，異文化に接してさまざまな体験をすることにより視野を広げ，より大きな人間に成長することを期待する，というような意味合いを込めました。これは，私自身が若い頃にそのような経験をして得られた教訓です。本書にも，これと同じメッセージが込められています。

　皆さんが英語を楽しく学び，そこから豊かさを体得し，さらに全人的に成長することにつながれば，著者として最高の幸せです。

　　2018年早春

　　　　　　　　　　　　　　　　　　　　　　　　　　　　岡　秀夫

[著者]

岡　秀夫（おか・ひでお）

金沢学院大学特任教授、東京大学名誉教授、元目白大学教授。
大学英語教育学会(JACET)理事、第4期中央教育審議会初等中等教育分科会教育課程部会外国語専門部会委員などを務める。
専門は英語教育学、応用言語学（バイリンガリズム論）。
英国のレディング大学、ケンブリッジ大学、米国のジョージタウン大学などに留学。
著書に『バイリンガル教育と第二言語習得』（1996、編・訳、大修館書店）、『英語教員研修プログラム対応「英語授業力」強化マニュアル』（2004、著者代表、大修館書店）、『グローバル時代の英語教育——新しい英語科教育法』（2011、編著、成美堂）、『小学校外国語活動の進め方——「ことばの教育」として』（2015、編著、成美堂）、ほか多数。

[写真・資料提供]
『津田梅子　11歳頃、フィラデルフィアにて』
　　　　　　　　　　　　　　　津田塾大学津田梅子資料室所蔵

英語を学ぶ楽しみ
―国際コミュニケーションのために―

2018年4月13日　　初版第1刷発行

著　者　　岡　秀夫

発行人　　岡野秀夫

発行所　　株式会社　くろしお出版
　　　　　〒113-0033　東京都文京区本郷 3-21-10
　　　　　TEL: 03-5684-3389　FAX: 03-5684-4762
　　　　　URL: http://www.9640.jp　e-mail: kurosio@9640.jp

印刷所　　株式会社三秀舎

装　丁　　折原カズヒロ

イラスト　吉留圭子（ポップアート企画）

© OKA Hideo 2018　Printed in Japan
ISBN 978-4-87424-763-1　C0082
乱丁・落丁はおとりかえいたします。本書の無断転載・複製を禁じます。